MON CORPS

ET ALORS ?

Note de l'éditeur

Notre projet était d'inclure au maximum les minorités de genre, qui souffrent tout autant des normes imposées par la société patriarcale. Les sujets abordés dans cet ouvrage étant, pour la plupart, des problématiques liées à la condition et au corps des personnes perçues comme femmes par la société, nous avons fait le choix d'utiliser le terme générique « femmes » et d'écrire en partie le livre au féminin. Nous souhaitons cependant que ce terme soit pensé comme un neutre et n'empêche pas quiconque se sentant concerné.e par ces thématiques d'en tirer profit. L'inclusivité est l'un des sujets centraux de cet ouvrage et nous espérons que chacun.e, peu importe son genre et son parcours de vie, pourra se retrouver dans les sujets qui le ou la touchent personnellement.

Titre original : *THIS ISN'T BRAVE*

Vivida

La présente édition est publiée en accord avec l'éditeur de la version originale Vivida®, une marque de White Star s.r.l. Tous droits réservés.

Piazzale Luigi Cadorna, 6 – 20123 Milan, Italie
www.whitestar.it – www.vividabooks.com
Édition : Balthazar Pagani

Éditions Solar
Correction : Céline Dérouet
Conception de la couverture et de la maquette intérieure : © Davide Canesi / PEPE nymi
Composition : Nord Compo
Fabrication : Laurence Duboscq

ISBN : 978-2-263-18200-6
Code éditeur : L18200

Dépôt légal : mars 2023 – Imprimé en Chine par XY PRINTING CO., LTD

Solar, un département d'Édi8
92, avenue de France, 75013 PARIS

Laetitia Duveau

MON CORPS
ET ALORS ?

LE GUIDE ANTI-INJONCTIONS
POUR S'ACCEPTER COMME ON EST

Illustrations de
Bridget Moore

Traduit par **Alexia Maury**

SOLAR
EDITIONS

TON AVIS NON SOLLICITÉ
MERCI, MAIS NON MERCI

SOMMAIRE

◆ ◆ ◆ ◆ ◆

Chapitre 7. Une société plus inclusive

Chapitre bonus. Le cycle menstruel ou l'histoire de la vie

UNE FÉMINITÉ RENOUVELÉE

Je m'appelle Laetitia Duveau et je suis la fondatrice de **Curated By GIRLS**, une plateforme que j'ai lancée à Berlin en 2016 pour promouvoir la **diversité** à travers l'art, et particulièrement par le prisme de la **féminité**. Artiste moi-même, je souhaitais offrir un espace de liberté et de visibilité aux artistes femmes et non binaires, pour aider toutes les personnes qui se sentent seules, incomprises, jugées ou en danger.

L'inclusivité est essentielle à la construction de notre identité, et les outils destinés à l'encourager doivent être accessibles à chacun·e, parce que tout le monde n'habite pas dans une grande ville. Certain·e·s d'entre nous vivent dans des endroits reculés ou des milieux très fermés, des environnements discriminants où il est pratiquement impossible d'exister en dehors des normes et de se montrer sous son vrai jour. Je connais ce sentiment d'exclusion, je sais ce que c'est de ne pas avoir d'espace pour s'exprimer et être écouté·e.

Lorsque l'on m'a proposé d'écrire un guide sur l'acceptation de soi, j'ai décidé de relever le défi parce que j'aime l'idée d'être une alliée et de pouvoir porter d'autres voix que la mienne.

Je ne suis ni sociologue ni psychologue, mais j'ai accès depuis 2016 aux œuvres d'artistes émergent.e.s du monde entier et aux commentaires parfois hostiles qu'elles provoquent. Cela m'a donné un bon aperçu de ce à quoi ressemble la société d'aujourd'hui.

Nous sommes à un tournant de notre évolution. Il est grand temps de réfléchir sérieusement à un système qui valoriserait moins la réussite sociale et davantage l'accomplissement personnel, un épanouissement parfois à des années-lumière des attentes que l'on projette sur nous. J'ai récemment pris conscience que l'ego que l'on nous pousse constamment à alimenter, en achetant des objets de façon compulsive, en étant jaloux·se ou en restant campé·e sur nos positions, était, la plupart du temps, le fruit d'une mentalité patriarcale et souvent en décalage avec notre vérité profonde.

Grâce à ce livre, brillamment illustré par la talentueuse Bridget Moore, alias **Handsome Girl**, j'aimerais aider les femmes à se sentir plus fortes et mieux dans leur peau. Nous souffrons tous·tes, à des degrés différents, et, si je n'ai pas de baguette magique pour changer cela, je peux au moins essayer d'apporter ma contribution en partageant quelques idées pour mieux s'accepter et être plus bienveillant·e envers soi.

Aborder dans ce livre autant de sujets féministes si importants en un nombre de mots restreint fut un véritable défi. Il nous a fallu faire des choix, ce qui n'a pas toujours été facile. Cependant, la concision imposée a rendu ce guide plus accessible, plus léger – et n'avons-nous pas tous·tes besoin d'un peu de légèreté? «Faites les choses sérieusement sans trop vous prendre au sérieux» est une de mes phrases fétiches!

Ah, et, j'allais presque oublier... Bien que je m'adresse principalement aux femmes et aux personnes auxquelles la société patriarcale cherche à imposer des normes et dont elle souhaiterait contrôler le corps, ce livre peut être lu par tout le monde. Il est toujours enrichissant d'essayer de comprendre celles et ceux qui ne vivent pas les mêmes choses que nous. Alors n'hésitez pas à le glisser dans les mains des gens qui vous entourent, même les plus réticents, pour, peut-être, les aider à mieux appréhender le monde dans lequel nous vivons.

J'espère que vous apprécierez ce voyage en ma compagnie, sans préjugés mais le sourire aux lèvres. Et si ce guide se révèle utile, alors... mission accomplie!

Savez-vous que, en latin, *laetitia* veut dire «joie»? :)

Be strong, babes!

Laetitia Duveau

RUN FREE

Chapitre 1

◆ ◆ ◆ ◆ ◆

Le corps, propriété privée

◆ ◆ ◆ ◆ ◆

Le corps. Vous savez, ce truc qui nous suit partout où l'on va mais que l'on connaît si peu, finalement. L'exploration de son anatomie est le point de départ de la connaissance de soi. Le corps est le sujet de nombreuses batailles, l'origine de moult tabous, mais avant tout le point de départ de la défense de nos droits. C'est notre maison, et nos décisions le concernant ne devraient appartenir qu'à nous.

LÂCHEZ-NOUS LES TÉTONS

Ah, les tétons ! Ces petits bouts de peau qui font toujours le buzz… Si on m'avait dit un jour que les miens seraient censurés, je ne l'aurais pas cru. Après tout, la plupart des mammifères en ont des visibles, non ? Eh bien notre système culturel, plus « évolué », en a décidé autrement. Selon une règle basée sur le principe du double standard, il fut ainsi établi que les tétons des femmes devaient être cachés, parce que d'abord et avant tout des objets sexuels – oui, même lorsqu'il s'agit d'allaiter. En revanche, exposer les tétons des hommes ne pose aucun problème. Ainsi, sur les réseaux sociaux, seuls ceux des femmes sont à bannir des publications – sauf si vous voulez prendre le risque de perdre votre compte. La chasse aux tétons est ouverte !

Il est très offensant que le corps féminin soit constamment montré du doigt et censuré, notamment sur les réseaux… Ne devraient-ils pas en effet nous permettre de nous représenter fidèlement, nous aider à nous sentir bien dans notre peau et non perpétuer la sexualisation de nos corps ?

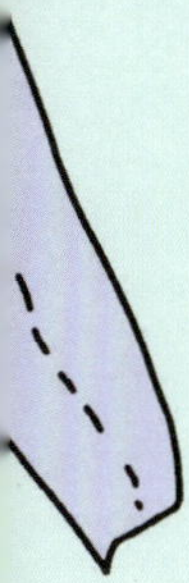

#STOPÀLACENSURE

#BORNTHISWAY #FREENIPPLES

#OUIJAIDESTÉTONS

Tout le monde a des tétons. Pourquoi faudrait-il cacher ceux des femmes ?

CLIT, CLIT, CLIT, HOURRA !

Savez-vous que le clitoris est le centre névralgique du plaisir féminin ? Or, pendant longtemps, il a été considéré comme un élément maléfique, au point d'être retiré – ce qui est encore pratiqué dans certaines cultures. Pourquoi ? Justement parce qu'il semble que le plaisir féminin fût – et soit donc encore parfois – perçu comme une menace pour la société. Le simple fait d'écrire cette phrase me donne la chair de poule.

Lors des recherches sur la sexualité, le clitoris a en outre été, des siècles durant, tout simplement ignoré… Si je dis que c'est à cause du patriarcat, ça vous étonne ? Mais désormais, nous savons, enfin, à quoi il ressemble… en entier ! Il est beaucoup plus grand qu'il n'y paraît et surtout qu'on a bien voulu nous le faire croire… Le clitoris n'est pas qu'un gland, il se prolonge de plusieurs centimètres dans le corps, et c'est le seul organe humain entièrement dédié au plaisir. On a le droit de le regarder, de l'admirer, même. Va-t-il nous mordre ? Non. On peut donc aussi le toucher. Bonne nouvelle, parce que, il n'y a plus aucun doute à ce sujet, la plupart des orgasmes féminins proviennent de la stimulation du clitoris, qu'elle soit externe ou interne. Alors, les filles, à vos marques, prêtes… partez !

#RAVIEDETERENCONTRER **#CHERCLITO** **#KNOWYOURSELF** **#CLITRÉVOLUTION**

Prenez un miroir, observez votre clitoris et n'ayez pas peur. Kiffez !

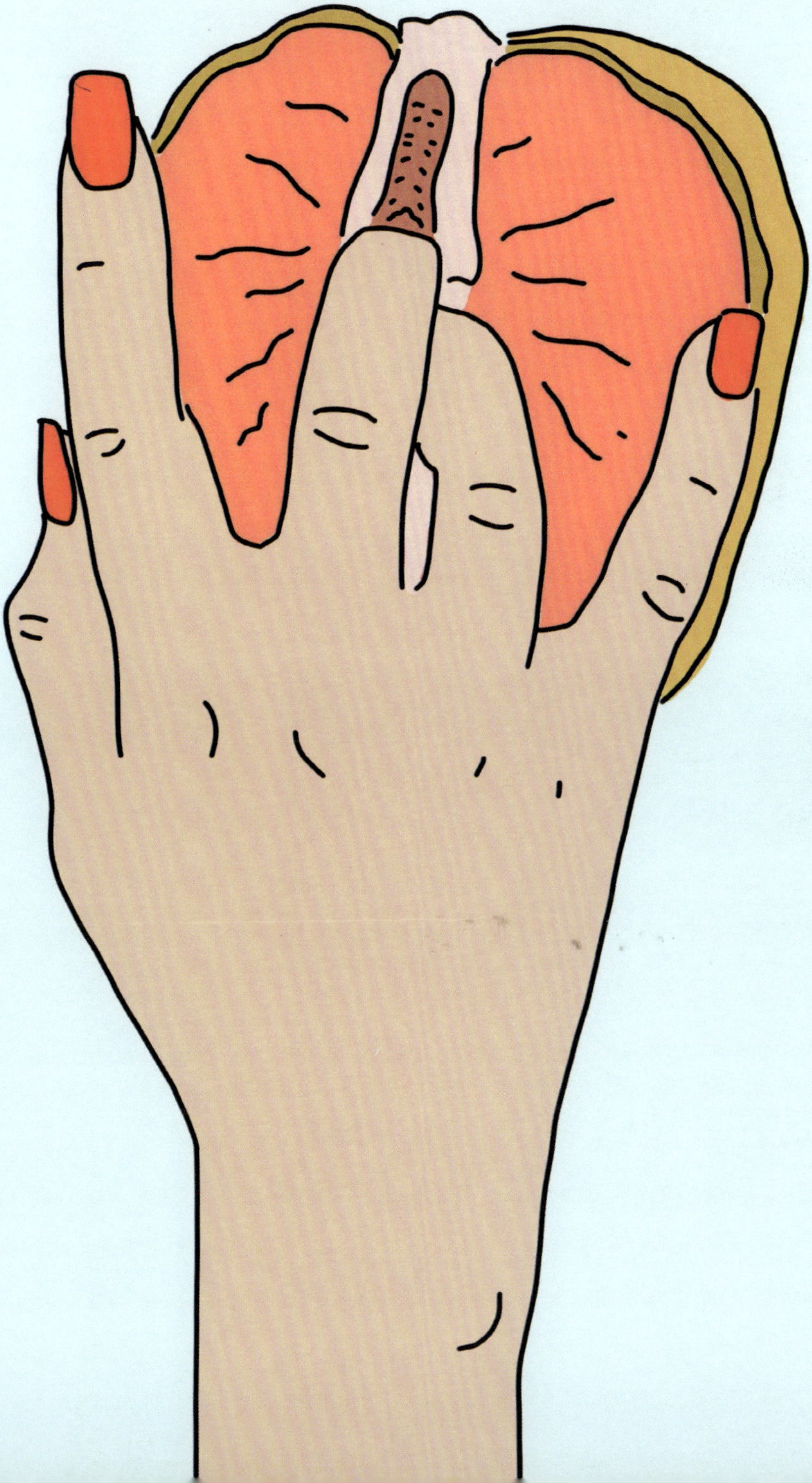

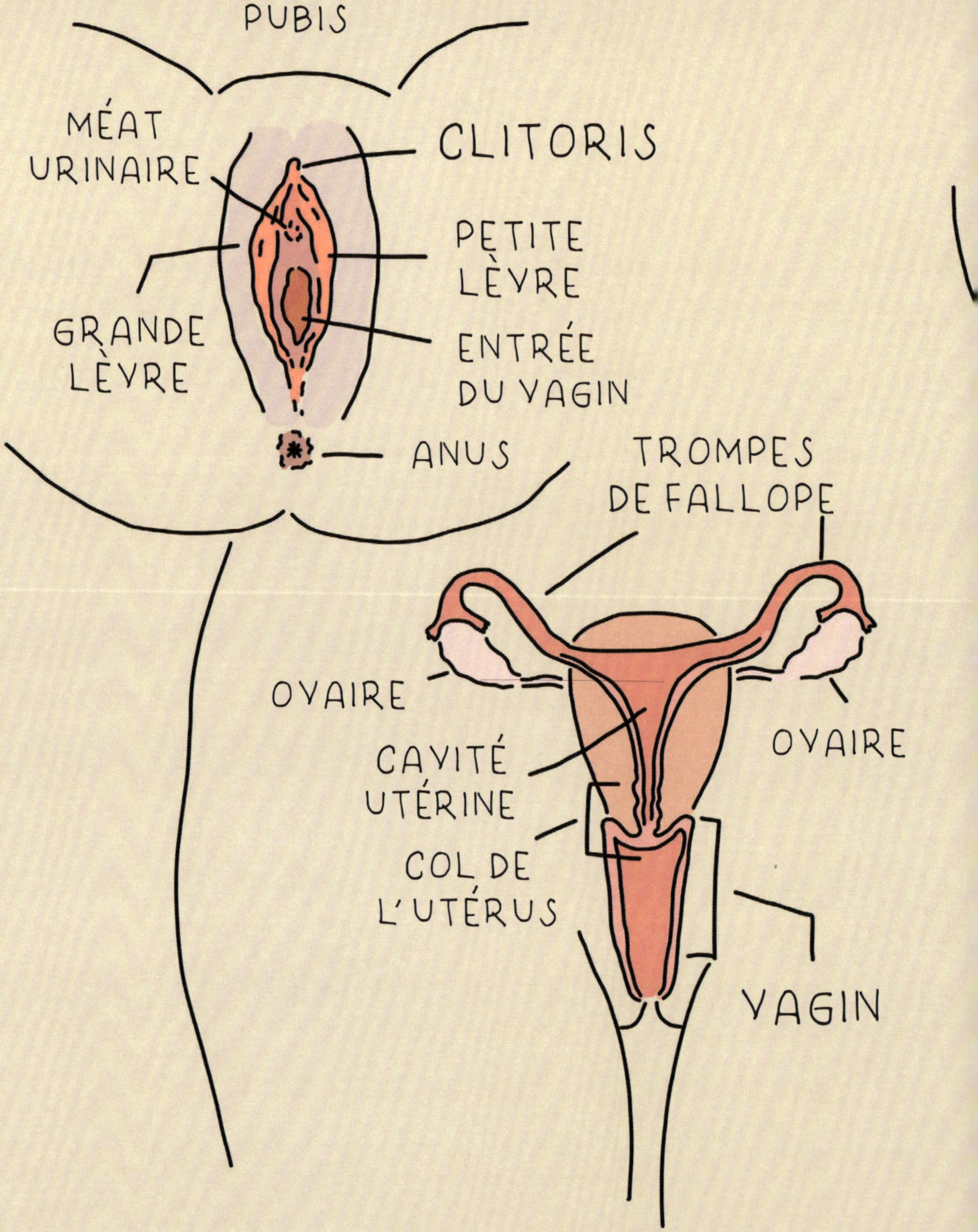
PUBIS
MÉAT
URINAIRE
CLITORIS
PETITE
LÈVRE
GRANDE
LÈVRE
ENTRÉE
DU VAGIN
ANUS
TROMPES
DE FALLOPE
OVAIRE
OVAIRE
CAVITÉ
UTÉRINE
COL DE
L'UTÉRUS
VAGIN

LE VAGIN : UNE PARTIE D'UN TOUT

D'un point de vue strictement anatomique, le vagin est le canal qui connecte les organes génitaux externes à l'utérus. Il fait partie du système reproductif féminin, permettant la pénétration lors des relations sexuelles et ainsi au sperme d'atteindre l'utérus pour la fécondation. C'est aussi par son biais que le flux menstruel s'écoule. Fonction bonus : il est autonettoyant – c'est la magie des pertes blanches. Fascinant !

Mais le vagin est aussi l'objet de désirs en tout genre, surtout pour les personnes dotées d'organes génitaux mâles. Alors, comme les hommes cis hétérosexuels atteignent généralement l'orgasme grâce à des va-et-vient à l'intérieur de ce dernier, on a sexuellement défini l'anatomie des femmes par ce qui permettait aux hommes d'obtenir du plaisir. C'est la raison pour laquelle, pendant longtemps, la totalité de l'organe sexuel féminin a été nommé d'après une seule de ses composantes : le vagin. OMG, comment avons-nous pu laisser ça arriver ? Le vagin et la vulve sont deux choses différentes. Une fois de plus, merci le patriarcat pour la confusion !

#VAGINETVULVEPASLAMÊMECHOSE

#LAMAGIEDUVAGIN

#WELCOMETOMYVAGINA

Connaître et savoir nommer chaque partie de notre anatomie… Ce n'est pas si compliqué, si ?

VIVA LA VULVA !

«Vulve»! Le mot est lâché! Court et banal, il est plutôt drôle… Pourtant, dans notre culture binaire et patriarcale, il semble difficile à prononcer : gênant, et même honteux! Et ainsi, nos pauvres vulves ont été et continuent d'être victimes de nombreux tabous. Au point qu'on ne sache pas de quoi on parle, les confondant généralement avec le vagin… Or, la vulve est la partie externe de nos organes génitaux. Elle comprend le pubis, les lèvres, le clitoris, le méat urinaire, l'entrée du vagin et la région qui remonte vers l'anus. Tant de zones à explorer! Vous vous demandez d'où vient cette confusion? Du fait que l'anatomie féminine a longtemps été étudiée au regard de son rôle «pour» ou «à la faveur» des hommes cisgenres, hétérosexuels, plutôt qu'en tant qu'organe indépendant. Ainsi, en ignorant le nom des différentes parties de nos organes génitaux et en voyant des femmes représentées sans rien entre les jambes, nous avons oublié de nous familiariser avec notre corps et notre plaisir, jusqu'à trouver notre vulve moche, bizarre, voire anormale…

Évidemment, si nous continuons à éviter de la regarder ou de la nommer, elle reste une créature mystérieuse! Certaines ont même recours au scalpel pour réduire sa taille, sa forme et ses lèvres, une tendance préoccupante qui donne des frissons dans le dos. Enfin… dans la vulve! Rassurez-vous : votre vulve est normale. Elle est belle. Toutes les vulves sont belles dans leur diversité. J'insiste. Heureusement, de plus en plus d'artistes créent de l'art à son image, lui rendant enfin hommage. Hallelujah!

#CÉLÉBRONSLAVULVE #VULVALAND
#MAVULVEESTBELLE

Célébrons toutes les vulves, merveilleuses contrées n'attendant que d'être explorées.

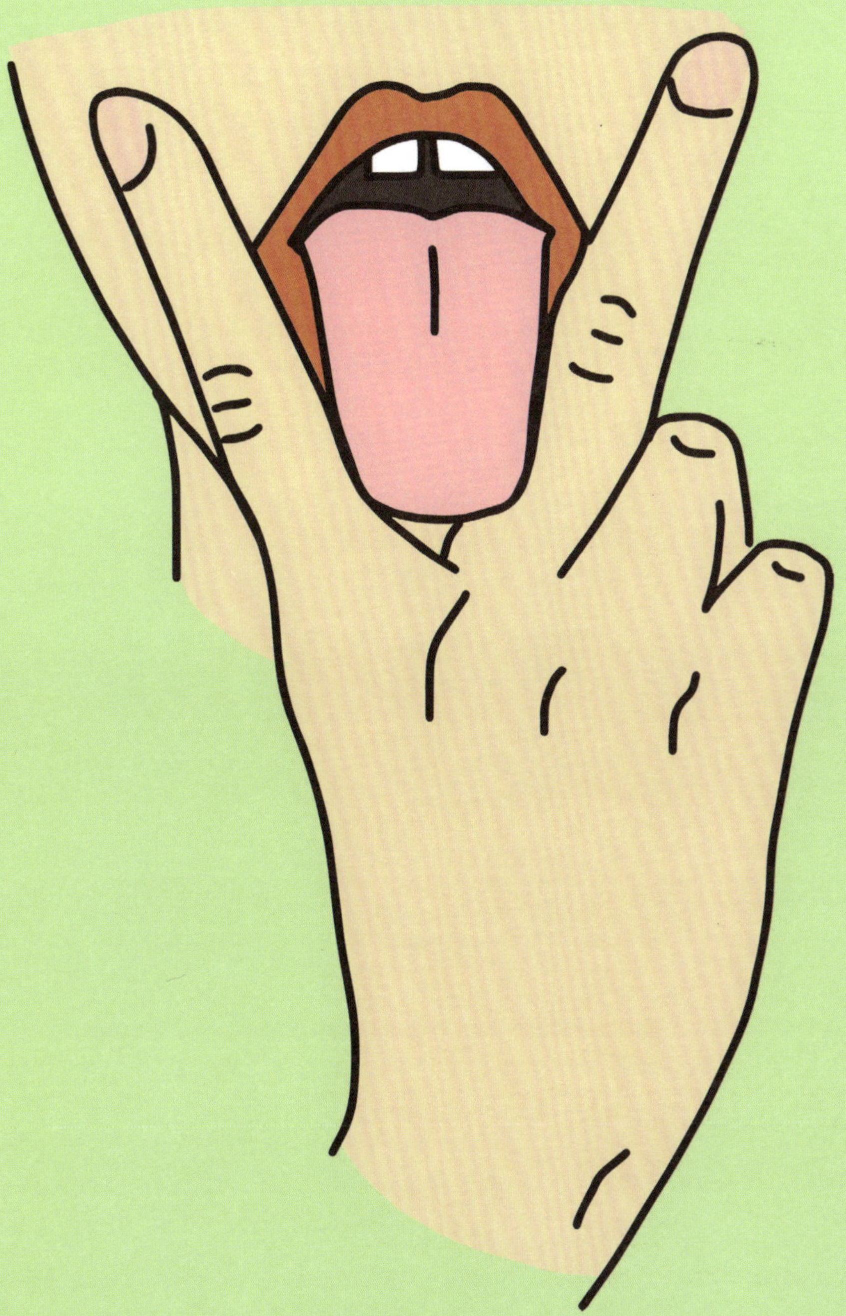

Ce que je décide

UTÉRINDÉPENDANCE

L'utérus. «Le berceau de la vie», dont nous provenons tous·tes. Cet organe est dédié à la reproduction, mais aujourd'hui «se reproduire» n'est plus très «glamour» dans nos sociétés occidentales. Nous sommes émancipées et avons une vie hors des murs du foyer. Nous ne sommes plus des usines à bébés. Et pourtant, l'utérus se retrouve toujours au centre des préoccupations du système patriarcal, comme s'il était la caractéristique majeure de la féminité. Et les hommes cis, qui n'en possèdent pas, semblent s'y intéresser de près. Ou plutôt se focaliser sur le contrôle de tout ce qui se passe à l'intérieur. Voilà pourquoi, dans certains pays, nous devons encore lutter pour le droit fondamental à disposer de nos corps comme nous l'entendons, et pourquoi ne faut jamais baisser la garde lorsqu'il s'agit de défendre nos droits. Posséder un utérus devrait suffire à nous garantir la liberté de décider si nous désirons ou non avoir un enfant. Parce que l'utérus appartient exclusivement à qui en a un. Et à personne d'autre. Point barre.

Quant à moi, j'ai découvert que j'avais deux utérus. C'est ce qu'on appelle un utérus didelphe. Comme on dit, plus on est de fous…

#JEDÉCIDEPOURMONUTÉRUS

#LÂCHEZNOUSLUTÉRUS

#MONUTÉRUSMONCHOIX

Pas d'utérus, pas d'avis.

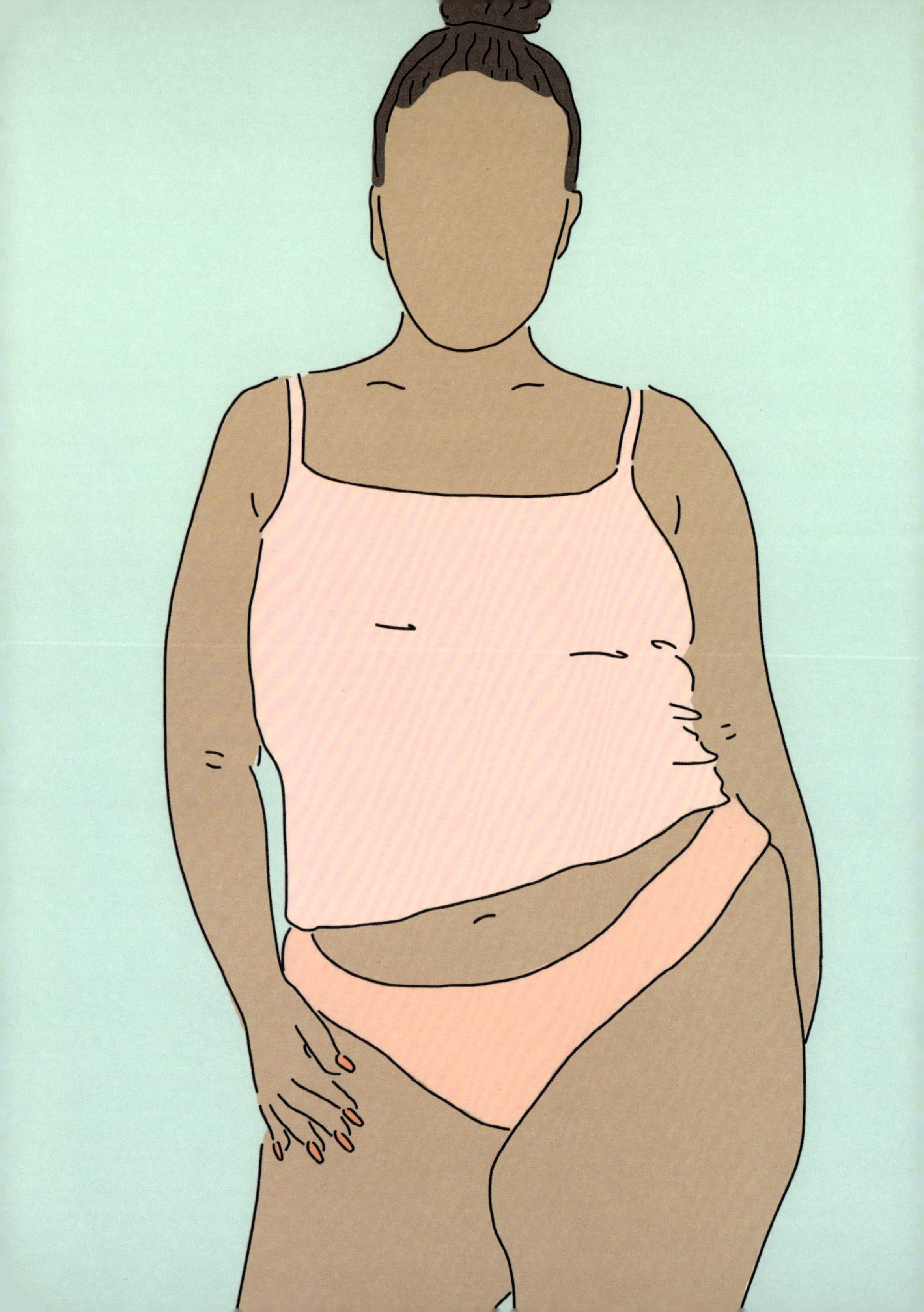

Chapitre 2

◆ ◆ ◆ ◆ ◆

De vrais corps

◆ ◆ ◆ ◆ ◆

Nous n'aimons pas toujours les formes de notre corps. Souvent, même, nous aimerions le changer, et il faut parfois toute une vie pour l'accepter. Cet état de fait est particulièrement visible dans l'univers des réseaux sociaux, où on se cache derrière des filtres, injections de Botox virtuelles. Le hic : la toute dernière tendance, c'est de franchir le cap de la chirurgie pour ressembler à cette prétendue parfaite *fausse* apparence. Il est bien triste de vivre dans un monde où on nous encourage à être quelqu'un d'autre…

DIVERSITÉ = BEAUTÉ

Les standards conformistes et irréalistes mis en avant au quotidien nous collent une pression immense. Nous ne sommes jamais assez, mais nous sommes aussi toujours trop – trop grandes, trop grosses, trop maigres, trop petites, trop superficielles, trop sexy, trop ceci, trop cela –, et constamment jugées sur notre apparence. Eh bien, justement, trop, c'est trop !

Respirons profondément et commençons enfin à décider pour nous-mêmes ! Nous sommes belles, mais surtout quand nous sommes à l'aise dans nos baskets. Avez-vous déjà remarqué que, lorsqu'on est bien dans sa peau, on arrête d'être invisible ? La beauté, c'est avant tout se sentir bien. Mais, évidemment, ce n'est pas facile au quotidien. C'est un cheminement personnel.

Heureusement, la beauté est tout autour de nous. Quand on observe le monde au lieu de passer notre temps à juger les autres et nous-mêmes, on la voit partout, une beauté plus forte et plus puissante que nos peurs, qui nous permet de réaliser que tout est relatif. Quel soulagement !

#NONAUXSTANDARDS #ONVEUTDUVRAI
#TOUSLESCORPSSONTBEAUX

Les canons de beauté ne sont pas réalistes, et ils n'ont rien à faire ici ! Bye bye !

PAS QU'UN CHIFFRE SUR UNE BALANCE

On ne mesure pas la valeur d'un individu en kilogrammes ! Et pourtant, beaucoup d'entre nous accordent une grande importance au chiffre affiché sur la balance. Il va sans dire que si nous sommes obsédées par le concept du poids idéal, c'est que nous sommes bombardées d'injonctions pour maigrir ! Évidemment que ça rentre dans nos têtes. Et même si on sait ce qui est bon pour nous, il n'est pas facile de prendre le recul nécessaire pour parvenir à s'écouter. Et c'est sans compter le problème des standards, inventés par quelqu'un qui a décidé ce qu'était la normalité. Est-ce que ça pourrait venir d'un système qui cherche à tout prix à nous vendre des choses ? Mmmh… Sauf que non, personne ne devrait nous obliger à être comme ci ou comme ça. Nous avons tous·tes la capacité à nous écouter, nous et nos corps, en laissant la pression sociale de côté.

Encore une chose : savez-vous quelles images sont les plus souvent censurées ou bannies des réseaux sociaux ? Vous l'aurez deviné… Les bourrelets ! Surtout ceux des femmes, bien sûr, qui sont apparemment la pire des pires choses que nous puissions montrer. Pourtant, se regarder tel·le qu'on est, c'est s'accepter.

#PASDEPOIDSIDÉAL

#CELEBRATEYOURSIZE

#MONPOIDSPASMAVALEUR

***Breaking news* : votre poids et votre taille de vêtements ne font pas votre valeur.**

T'ES CANON

NOUS AVONS TOUS·TES DES POILS

Qui a décrété que les poils devaient être enlevés ? Longs, courts, frisés, crêpus, drus, lisses, colorés ou naturels, les poils nous protègent du froid, de la chaleur et de la saleté. Vous pouvez les aimer ou non. Vous pouvez les raser ou ne pas y toucher. Comme toujours, c'est une question de préférence, et ça devrait être une décision personnelle.

Mais la société nous a fait croire que les poils étaient incompatibles avec la féminité, en partie pour nous vendre des rasoirs et des crèmes dépilatoires. De fait, il n'est pas facile de se montrer au naturel dans un environnement où nous nous sentons constamment jugées, mais n'oublions pas que tout le monde a des poils, tous genres confondus, et que les condamner ou les éliminer n'est pas une nécessité.

#MESPOILSMONCHOIX

#LESPOILSCESTNORMAL

#TOUSTESÀPOILS

#NOSHAVENOSHAME

#BODYHAIRDONTCARE

Au cas où le message ne serait pas passé : tous les êtres humains ont des poils ! Si vous avez envie de les laisser pousser, ne vous en privez pas !

LE GRAND MYTHE DE LA PEAU PARFAITE

L'obsession de la peau parfaite relève presque du fantasme, un fantasme inventé par monsieur M. Photoshop et ses filtres : une véritable révolution pour la perte de confiance en soi ! Nous avons vite fait d'y prendre goût, jusqu'à les oublier... Mais ils sont bien là ! Lorsqu'un miroir apparaît, l'illusion disparaît ! C'est moi, ça ? Avec des boutons ? Des grains de beauté ? Des poches sous les yeux ? Noooon ! Et que dire des cicatrices ?

N'est-ce pas dommage de ne pas apprécier les parties de nous qui ont une histoire à raconter ? Alors oui, les marques sur notre peau et les rides nous rappellent chaque jour que le temps passe et, bien sûr, ce n'est pas ce que nous avons envie d'entendre quand nous nous réveillons chaque matin. Mais ces « imperfections » – hyper valorisant, ce terme, vraiment bien choisi, merci la pub – font partie de nous. Nous pouvons passer notre temps à les détester ou à les cacher, mais ce n'est qu'en les acceptant que nous pourrons nous libérer d'une souffrance inutilement imposée et peut-être inspirer d'autres personnes en les encourageant à les accepter à leur tour. Aider les autres à se révéler, qui y a-t-il de plus puissant ?

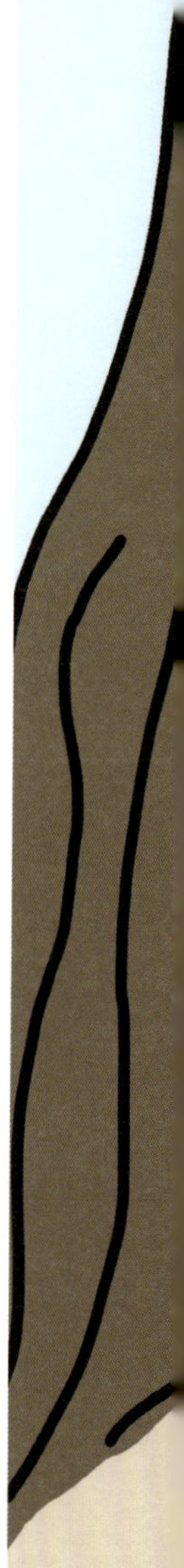

#AIMEZLAPEAUDANSLAQUELLEVOUSVIVEZ

#SKINPOSITIVE #STOPPHOTOSHOP

#NOFILTER #BIENDANSMAPEAU

Votre peau raconte une partie de votre histoire.

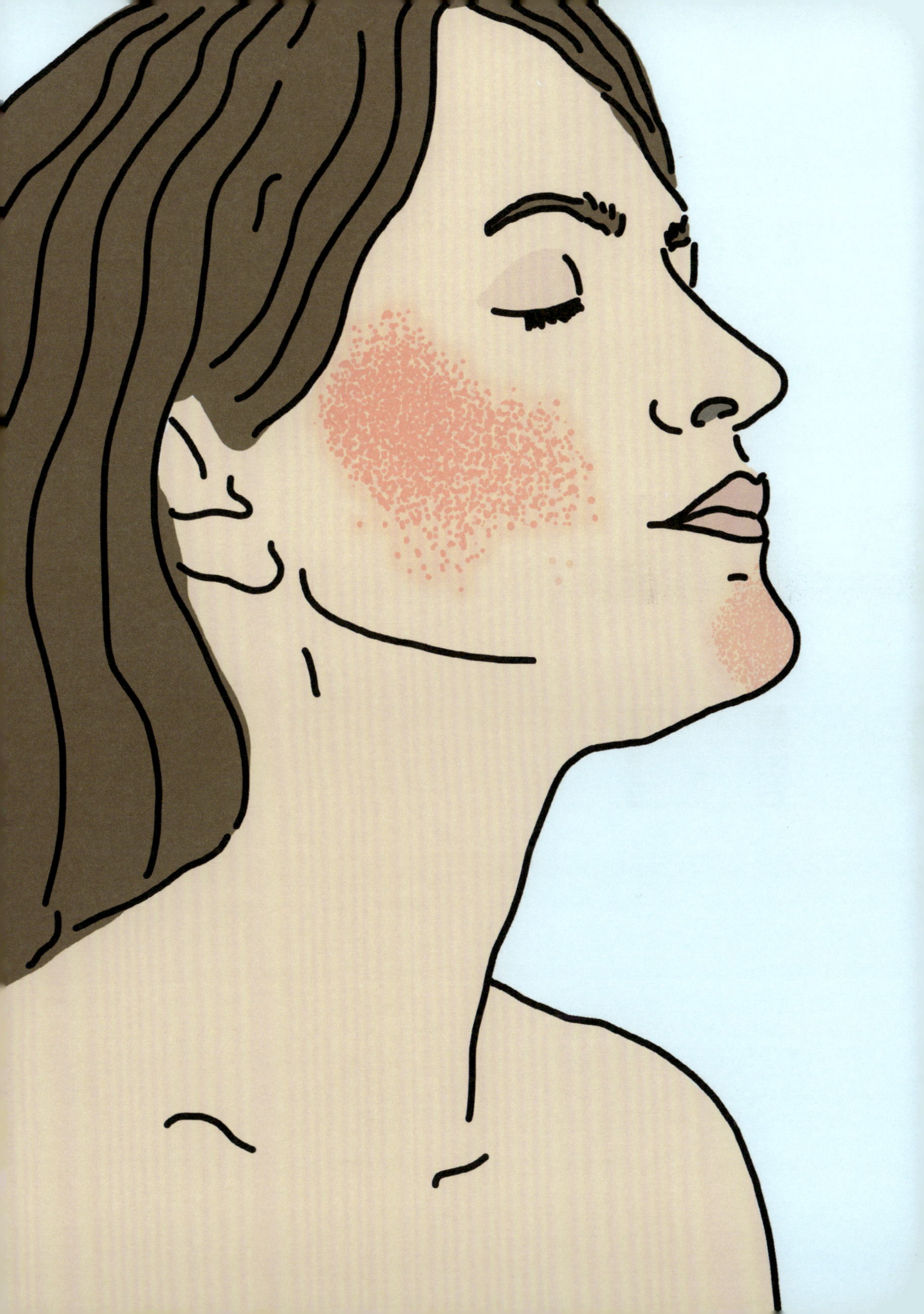

VERGETURES : TÉMOINS DE NOTRE VÉCU

On ne le dira jamais assez : pratiquement tout le monde a des vergetures, ces sortes de vagues ou de griffures de tigre sur notre peau. Elles apparaissent suite à des variations hormonales ou à de rapides changements de corpulence, dus par exemple à la croissance ou à la grossesse. En général, elles se forment sur les zones qui évoluent le plus : la poitrine, les cuisses et les hanches à l'adolescence, la poitrine et le ventre pendant la grossesse. Car, non, le corps n'est gravé ni dans le marbre ni dans le Botox, il est vivant, il change au fil du temps et de la vie de chacun·e. Qui est l'imposteur qui a prétendu le contraire?

Encore une fois, la généralisation des retouches photo nous fait croire que nous devons les éliminer, les effacer, les lisser. Mais pourquoi ne pas simplement apprendre à vivre avec, puisqu'elles font partie de nous? Pourquoi faudrait-il cacher ces traces de notre évolution? Attention, scoop : le changement n'est pas une maladie. Alors, au revoir les crèmes anti-vergetures, bonjour la liberté.

#LECORPSCHANGEETALORS

#FIÈREDEMESVERGETURES

#ONAIMELESVERGETURES

«Des vergetures? Voici la méthode miracle pour s'en débarrasser!», qu'ils disent, en nous vendant des solutions folles auxquelles nous avons été biberonnées. Pourquoi ne pas simplement les aimer? Elles font partie de nous et de notre histoire. Et nous n'avons rien à cacher!

DE LA CELLULITE ? NO PROBLEMO

Mesdames, 90 % d'entre nous en avons, quel que soit notre poids. Pourtant, la cellulite est devenue l'un de nos principaux complexes. Au XVIIe siècle, au contraire, elle constituait un critère de beauté. Allez voir à quoi ressemble *Les Trois Grâces* de Paul Rubens… Non, vous ne rêvez pas, le tableau est bien une mise en valeur des capitons de trois déesses, rien que ça. Alors, que s'est-il passé ? Comment avons-nous bien pu en arriver là ?

Si, aujourd'hui, les médias et les magazines nous enjoignent à éradiquer notre cellulite, c'est tout simplement pour que nous soyons de « meilleures » consommatrices. Ils nous poussent ainsi à acheter des crèmes « magiques » à des prix exorbitants qui, soyons honnêtes, ne fonctionnent pas. Ce n'est rien de plus que de l'argent jeté par les fenêtres, une bataille perdue d'avance. Nous pouvons nous épuiser et nous ruiner à essayer de combattre notre cellulite tout en creusant nos complexes, ou bien mettre notre énergie dans quelque chose de plus constructif et agréable. Comme défendre nos droits ou passer une bonne journée en bikini à la plage sans se préoccuper du regard de qui que ce soit. Bien mieux, non ?

#LACELLULITECESTOK

#RENDEZMOIMONARGENT

#REPRENDSTALOTION #OTHERBATTLES

#DAUTRESCOMBATSÀMENER

Choisissez judicieusement vos combats et luttez pour ceux qui en valent vraiment la peine.

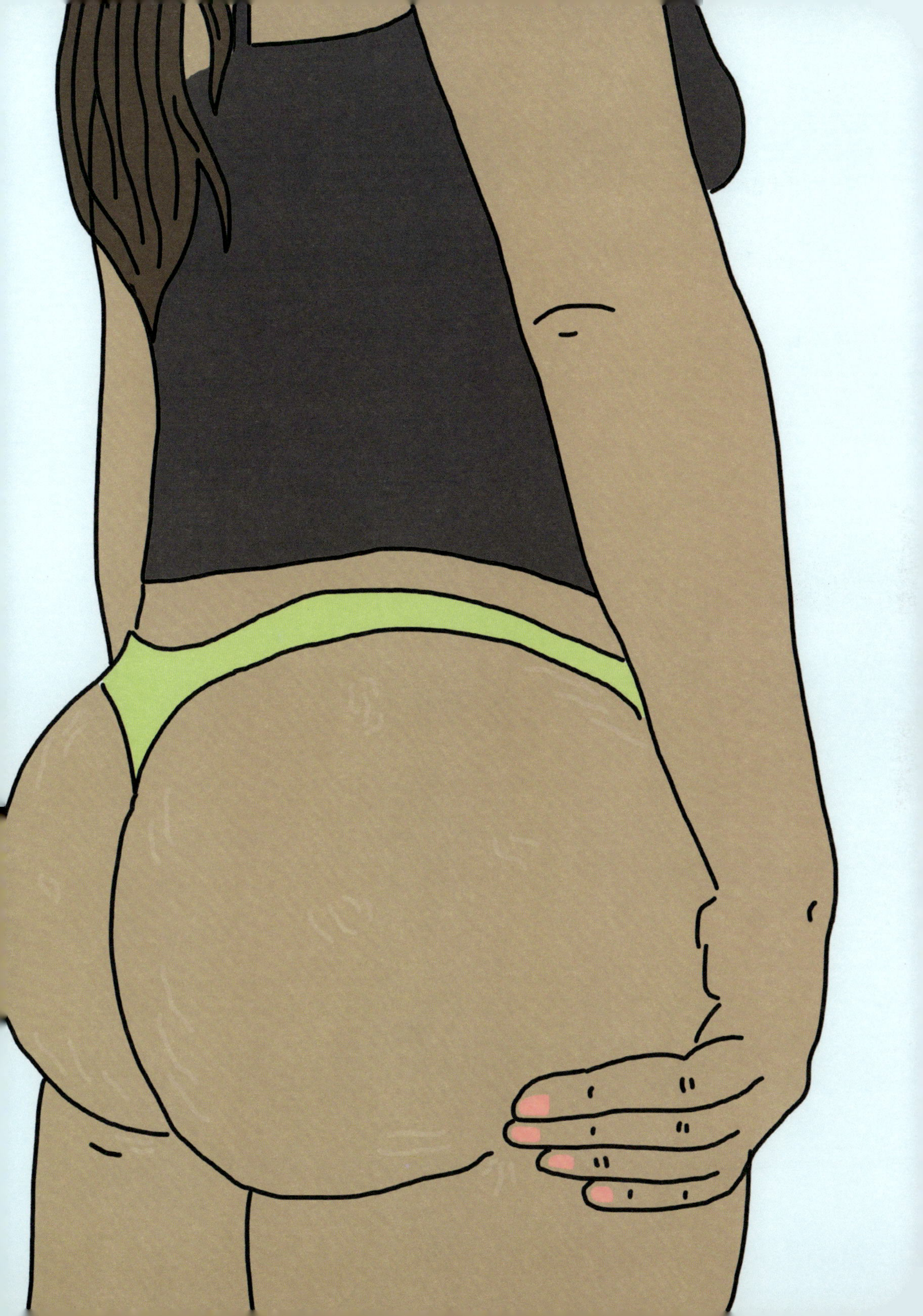

AVANCER DANS L'ÂGE À SON RYTHME

« Quel âge avez-vous ? » C'est l'une des premières questions que l'on pose lors d'une rencontre. Comme si l'âge pouvait révéler notre histoire et définir notre personnalité en une seconde. Ce n'est pas le cas. En revanche, il nous enferme dans une case, ou devrais-je dire une cage ? Pourtant, de nos jours, il n'a plus grand-chose à voir avec le parcours : on peut par exemple faire des études ou changer de carrière à tout âge ! Parfois, nous ne sommes pas encore prêt·e·s psychologiquement, mais nous avons l'impression que le temps presse. Parce que, à chaque âge, on nous dicte quoi faire, et surtout ce qu'il ne faut pas ou plus faire. (NB : je ne parle pas ici des limites primordiales comme celle de la maturité sexuelle qui protège les enfants et les jeunes gens des prédateurs.)

En outre, pour les femmes, avancer en âge signifie « vieillir », alors que pour les hommes, ça veut dire « mûrir ». Comme c'est bizarre... Notre société est en effet obsédée par la jeunesse, mais surtout celle des femmes, censées correspondre aux critères de beauté, et rester... muettes. Ainsi, elle s'intéresse davantage à la jeunesse de notre corps qu'à celle de notre esprit. Allez, y en a marre. L'âge ne veut rien dire, chacun·e son parcours, et nous devons respecter le rythme de tout le monde.

#UNMONDEPOURTOUSLESÂGES

#STOPAUCULTEDELAJEUNESSE

#LAISSEZLESRIDESTRANQUILLES

Même si vous pensez que vous n'avez plus l'âge pour réaliser quelque chose, lancez-vous ! Le bon moment, c'est quand on le sent.

MOI, AU NATUREL

Quand on pense «odeur», on songe à la noix de coco, à la mangue, à l'amande, au jasmin... Mmmh... Et puis il y a les odeurs corporelles. Pas toujours incroyables, comme lorsque j'ai manqué de m'évanouir de stress en donnant une conférence, ou quand je reviens d'une balade de quarante-cinq minutes sous le soleil de midi. Vous voyez de quoi je veux parler? Soyons honnêtes : dans notre société, «sentir» est un *crime*. Alors, certes, nous aimons sentir bon, mais vouloir être une poupée qui sent uniquement la rose, en toute circonstance, c'est poursuivre une chimère. Vous pouvez choisir votre parfum, mais pas votre odeur. Nous pouvons essayer de la cacher sous d'innombrables couches de déodorant, mais elle fait partie de nous, et elle change en fonction de notre humeur. Elle exprime nos envies, nos peurs... nos émotions intenses. C'est notre corps qui parle. Je trouve ça fascinant, pas vous? Alors aimez ou, au moins, acceptez l'odeur de votre corps sans en avoir honte. Il n'y a rien de plus naturel...

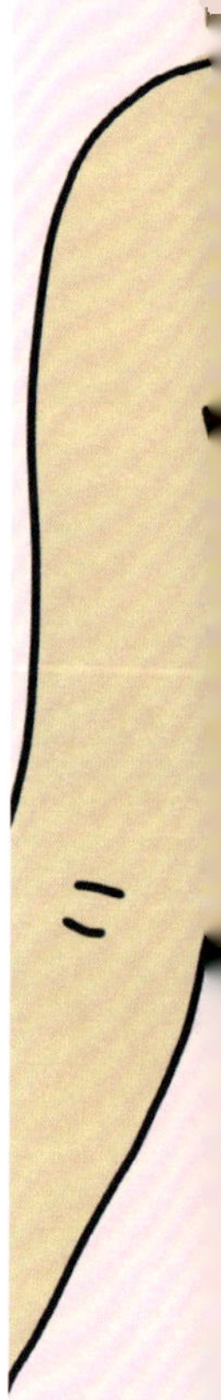

#LECORPSPARLE #ODEURNATURELLE #APPRIVOISEZVOTREODEUR

Votre humeur impacte votre odeur corporelle : laissez votre corps s'exprimer!

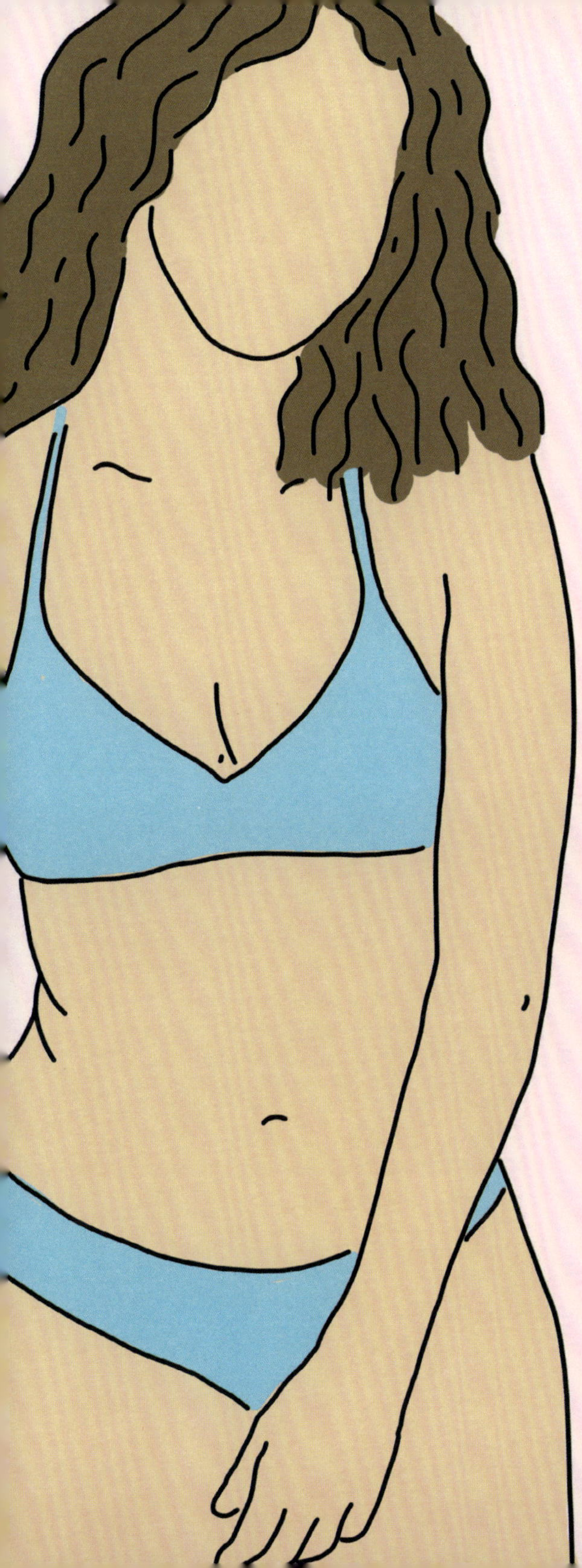

ET SI
VOUS
REMERCIIEZ
VOTRE
CORPS,
PLUTÔT ?

SUPER FORTE !

La vision binaire sur laquelle notre société est construite nous pousse à croire des aberrations comme le fait que les hommes seraient forts, et les femmes, faibles. Bien sûr, les hommes et les femmes ont des caractéristiques physiques différentes, mais la force physique est-elle vraiment l'apanage d'un seul genre ? Pourquoi devrait-on toujours représenter les femmes de la même manière ? Jeunes, minces, athlétiques mais pas trop musclées non plus (attention, n'oubliez pas que les muscles sont réservés aux hommes cis...)... Je ne parle pas ici de bodybuilding mais des notions de faiblesse et de force. Et puis, d'ailleurs, pourquoi une femme ne devrait-elle pas être bodybuildée si elle en a envie ? Je crois que tout le monde devrait être comme il veut, sans que les autres ne viennent fourrer leur nez dans ce qui ne les regarde pas. Faut-il que j'en vienne aux mains pour me faire entendre ? :)

Bien. Je sais que la puissance physique n'est pas l'une de mes qualités principales. Mes bras ressemblent à deux longues baguettes mais, quand je suis très (très) énervée, je redouble de force. Comme Superwoman ! Je crois que la force, même physique, c'est surtout dans la tête.

#PLUSCOURAGEUSEQUETUPENSES

#PLUSFORTEQUETUCROIS

#FEMMESFORTES

Les femmes seraient faibles et les hommes forts : des idées reçues désastreuses pour tout le monde !

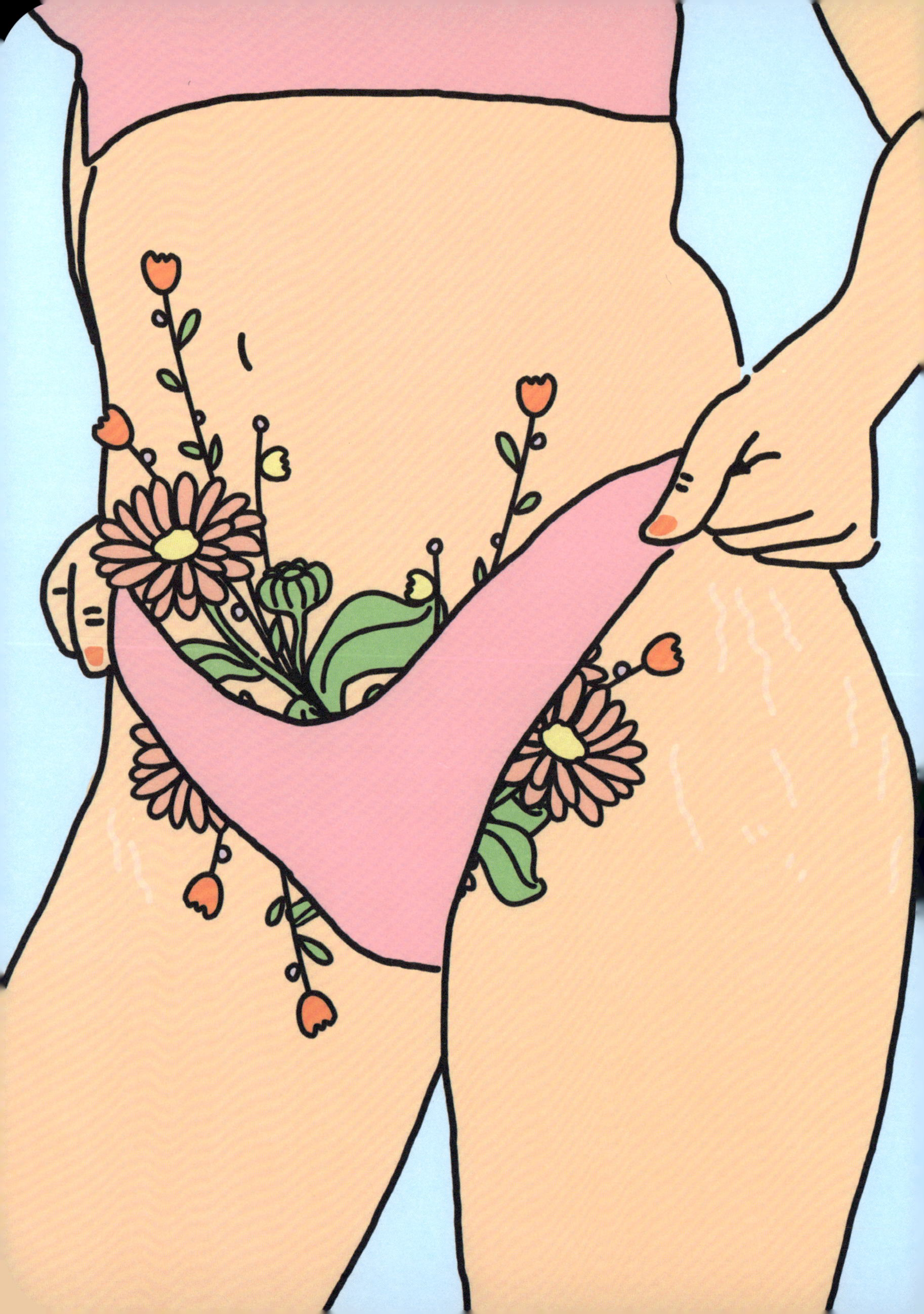

Chapitre 3

Zoom sur le plaisir

À la recherche du plaisir
et de votre propre sexualité.
Creusons un peu le sujet
pour mieux le comprendre.

LE PLAISIR AU FÉMININ

On nous a inculqué des croyances étranges au sujet de la sexualité féminine. Comme le fait que, pour les femmes, le plaisir n'était pas quelque chose qui comptait ou d'évident, voire qu'il n'existait pas. D'ailleurs, pourquoi une femme voudrait-elle ressentir du plaisir? Quelle indécence! Si l'on en croit la culture prédominante, le plaisir féminin est donc moins important que celui des hommes. Nous, les femmes, serions des créatures romantiques mais froides attendant simplement un prince incroyable, dont la présence notable nous comblerait au point que nous n'aurions plus besoin de plaisir physique. Nous aurions l'amour, le vrai!

Il faut dire que la médecine a mis du temps à reconnaître l'existence et l'importance du clitoris. Ce (finalement pas si) petit organe a longtemps été boudé, et ce n'est que récemment que nous avons découvert sa véritable forme. On considérait autrefois que le vagin était uniquement destiné à la procréation et à la satisfaction de ces messieurs cis, hétéros (ces bêtes de sexe dont le plaisir compte visiblement plus que le nôtre). Après tout, pourquoi remettre en question les dires des scientifiques? Donc, nous, les femmes, n'aimions pas le sexe? Vraiment? Je crois plutôt que nous avions juste mis un peu tout ça de côté. Mais aujourd'hui, nous savons que, sans stimuler notre ami le clitoris, notre vie sexuelle serait plus triste. En réalité, l'orgasme féminin est presque entièrement clitoridien. Voilà, c'est dit!

Et il y a un autre truc important à graver dans le marbre : l'envie et les besoins sexuels n'ont rien à voir avec le genre. Il n'y a pas qu'une seule façon de vivre la sexualité. Le spectre

des possibles est beaucoup plus large que ce que l'on nous dit. C'est comme avec les glaces : les parfums ne se limitent pas au chocolat et à la vanille. Il existe aussi le caramel, la fraise, la mangue, la coco et bien d'autres. Il n'y a pas de règles. L'important est de s'écouter et d'apprendre en se découvrant.

#PERSONNENEVOUSCONNAÎTMIEUXQUEVOUSMÊME

#PASDERÈGLES **#ÉCOUTEZVOUS**

Votre plaisir est important,
il n'a pas à passer au second plan.

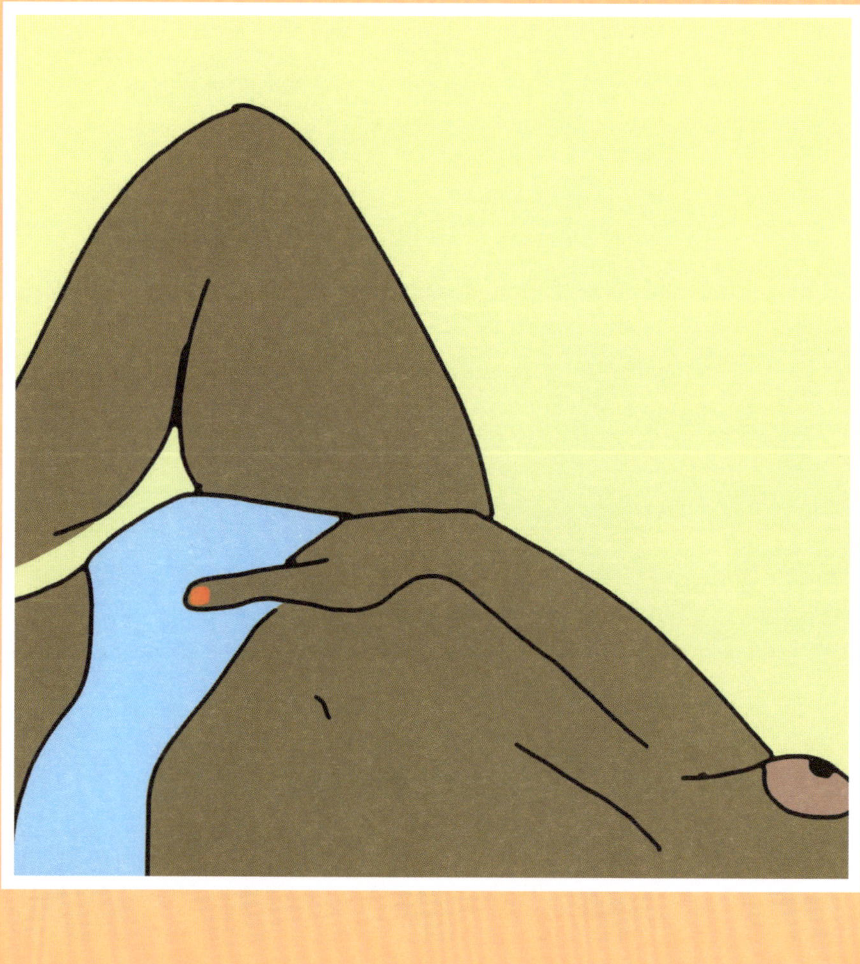

MASTURBATION : ON SE LÂCHE !

La masturbation est bénéfique pour le corps, l'esprit et la santé, sans aucune réserve. Eh oui, même les femmes et les personnes dotées d'une vulve y ont droit sans avoir à se cacher ou à se sentir coupable. Pendant trop longtemps, on nous a fait croire que ce plaisir était réservé aux hommes. Au XIXe siècle, l'excitation féminine était même considérée comme « anormale », voire « dangereuse ». Pour empêcher les femmes de se toucher, parmi d'autres méthodes, on pouvait leur verser de l'acide sur le clitoris ou le leur retirer ! Du lourd, quoi.

Or, nous, les femmes, avons le droit de nous masturber en paix et de diverses façons. Il existe toutes sortes de techniques et de méthodes pour se donner du plaisir, s'explorer et se connecter à ses sens afin d'en apprendre plus sur soi. Donc lançons-nous ! Mais ne perdons pas de vue que le plaisir féminin est encore un immense tabou. Nous avons dû nous battre pour pouvoir en parler sans honte, et il ne faut rien lâcher. Alors, s'il vous plaît, ne perdez pas de temps, prenez un moment pour vous et offrez-vous une séance de plaisir solo. Vous ne le regretterez pas.

#PLAISIRSOLO #YOURBODYISMAGIC #MONRDVAVECMOIMÊME

Masturbez-vous et apportez un peu d'énergie positive… dans ce monde de brutes !

« QU'EST-CE QUE TU AIMES ? »

Quand vous franchissez le pas d'avoir des relations sexuelles avec d'autres personnes, la communication est indispensable. Néanmoins, nous n'avons pas l'habitude de parler de ce que nous aimons, peut-être par pudeur ou par flemme, ou simplement parce que ça ne nous vient pas à l'esprit. Mais une relation, c'est à double sens (ou triple… ou plus, pourquoi pas ?). Et même s'il s'agit d'un coup d'un soir dégoté sur Tinder, il est extrêmement important d'écouter l'autre. Nous avons tous·tes des préférences, dans tous les domaines de la vie, dont le sexe. Bien sûr, parfois, on ne sait pas exactement ce que l'on aime. C'est peut-être plus facile pour ceux qui sont au clair avec leur sexualité. Toutes les expériences sont différentes et ont leurs propres variables à prendre en compte.

Mais, surtout, n'oubliez jamais que l'envie d'avoir des relations sexuelles doit être réciproque. Apprendre à dire ce que l'on veut et savoir ce que l'autre aime rend l'expérience beaucoup plus agréable. Et vous, alors, qu'est-ce que vous aimez ? C'est une question simple, mais c'est encore un sujet sensible. Nous devrions tous·tes nous la poser pour apprendre à mieux nous connaître, mieux connaître nos partenaires, fixer des limites et atteindre un maximum de plaisir.

#DISMOICEQUETUAIMES #SEXE #COMMUNIQUERCESTLAVIE

« Qu'est-ce que j'aime », et « Qu'est-ce que tu aimes ? » En voilà, des sujets intéressants à aborder avec son ou sa partenaire !

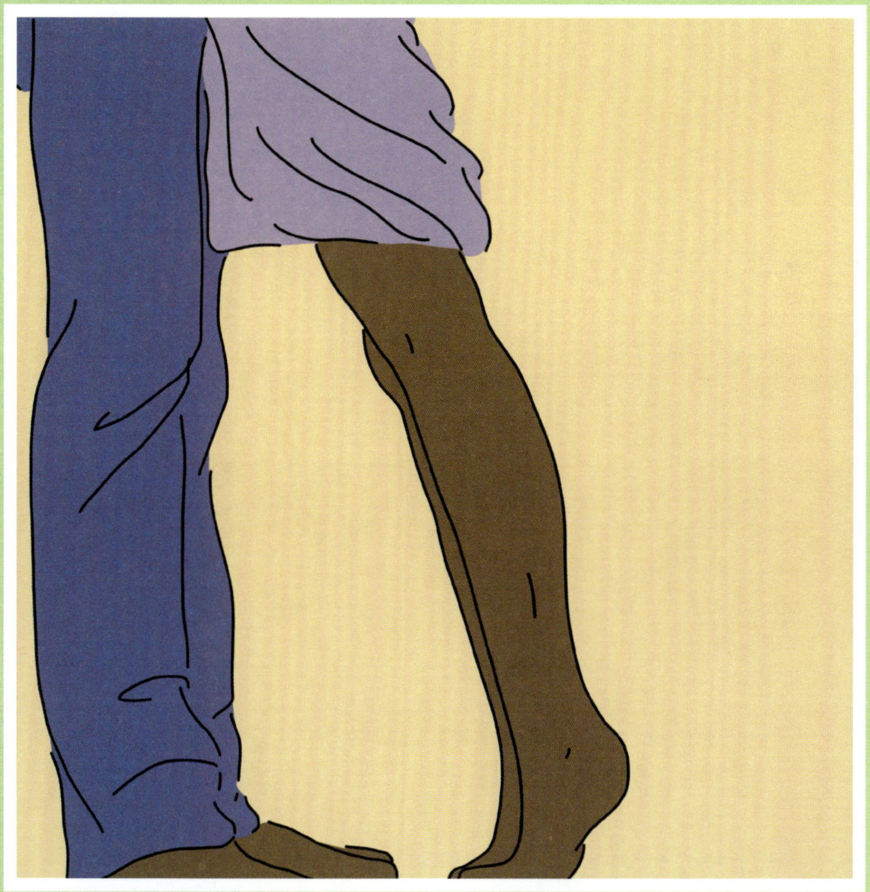

ORGASME : EN PLEIN DANS LE MILLE

L'orgasme. Un petit plaisir dont ce serait dommage de se passer ! Mais ce n'est pas une fin en soi, on peut s'amuser sans lui et il ne devrait jamais devenir une source de stress. « Chacun fait-fait-fait c'qui lui plaît-plaît-plaît » (poke Chagrin d'amour) !!! Oups, désolée. On en était où ?

Les orgasmes ont plein de bienfaits. Ils libèrent des hormones qui rendent euphoriques ! Vous pouvez l'atteindre seule, à deux, ou plus... Le problème, c'est qu'on nous dit toujours que l'orgasme masculin est facile à atteindre mais que l'orgasme féminin est un luxe, souvent considéré comme « compliqué » ou difficile d'accès. Mais désormais, nous savons que l'organe du plaisir est le clitoris. Et il peut nous conduire à l'orgasme en seulement quelques secondes, et même à plusieurs d'affilée. Et s'il n'est pas toujours au rendez-vous, ne vous inquiétez pas ! Un petit conseil : si vous n'en avez jamais eu, sortez et filez acheter un vibromasseur. Vous ne le regretterez pas... Et lorsque vous serez au sommet, vous vous sentirez incroyablement bien !

#HORMONESDUBONHEUR

#CONTINUECOMMEÇA

Ne faites pas de vos relations sexuelles une course à l'orgasme mais, s'il se présente, ne boudez pas votre plaisir !

LES FEMMES AUSSI AIMENT LE SEXE

Le *slut shaming* (littéralement, «la stigmatisation des salopes») véhicule l'idée que les femmes n'ont pas à aimer le sexe et que celles qui ne se privent pas de dire le contraire et de le montrer sont des salopes. La société perpétue et normalise en effet l'idée que les hommes sont par nature des êtres sexuels, tandis que, pour les femmes, la sexualité n'aurait que peu ou pas d'importance. Elles la vivraient de façon passive, sans avoir un mot à dire sur le sujet. Alors quand des femmes osent exprimer du désir et des envies de sexe, plus personne ne sait où se mettre.

Mais les hommes cis n'ont pas le monopole du désir sexuel ! Pourquoi les femmes n'auraient-elles pas le droit de parler de sexe ou de masturbation alors qu'ils ne s'en privent pas ? Eh oui, nous avons le droit d'être qui nous voulons et d'apprécier les plaisirs de la vie, sans limitation quant à notre façon d'être et de vivre. En d'autres termes, faisons ce dont nous avons envie. Dans notre société complexe et contradictoire, nous devrions tous·tes être libres de faire nos propres choix. Dans tous les domaines. Et notre valeur n'a rien à voir avec le nombre de nos partenaires sexuels. Point final. *Mic drop.*

#LIBERTÉSEXUELLE **#JAIMELESEXE**
#FIÈREDÊTREUNESALOPE

Arrêtons de dénigrer les femmes qui aiment juste le sexe autant que les hommes.

CARNIV'HOMME

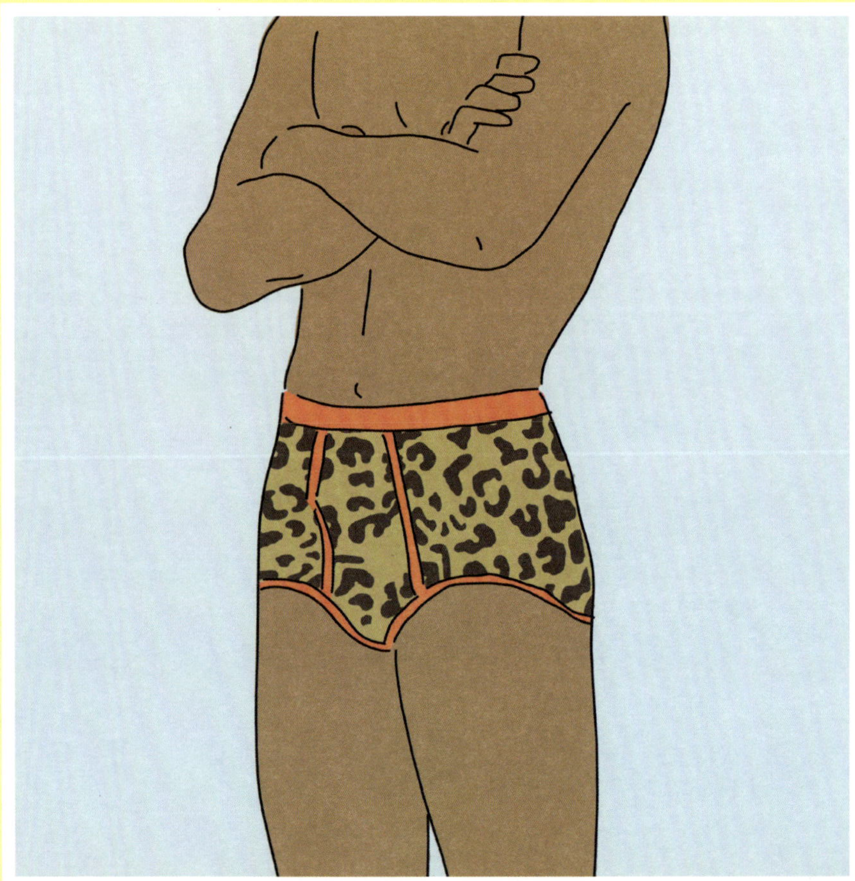

LE CHAMP DES POSSIBLES

Dans notre monde moderne, nous aimons coller aux gens des étiquettes en fonction de leur orientation sexuelle, de leur genre ou de leur identité. Mais on ne se retrouve pas toujours dans ces cases prédéfinies. L'éventail des possibles est beaucoup plus large que vous ne pouvez l'imaginer. Nos préférences sexuelles peuvent être très claires, comme encore floues. Et il n'y a rien de grave à ça. Cela peut prendre un certain temps pour les appréhender. L'important est de se développer en tant qu'*individu*. Bien sûr, aujourd'hui, c'est un sujet de discussion et de débat qui fait ressortir de nombreuses divergences, sur les plans personnel, familial et social. Selon moi, il est important de s'écouter et de ne pas se laisser influencer par la pression sociale. Nous risquerions de ne plus entendre nos ressentis face à la prétendue « normalité ». Si vous avez peur d'être vous-même, comme c'est le cas pour beaucoup d'entre nous, il n'est jamais trop tard pour évoluer. Lorsque vous sentez que c'est le bon moment, n'hésitez pas : osez vous révéler et vous réapproprier votre identité.

#LONGUEVIEÀLASINCÉRITÉ
#LASEXUALITÉESTUNSPECTRE
#PASUNEMAISDESSEXUALITÉS

L'orientation sexuelle n'est pas un problème à résoudre.

LE CONSENTEMENT, C'EST OUI OU RIEN

Malheureusement, il faut encore le répéter. Parce que, pour beaucoup, le «consentement» demeure un concept un peu trop obscur. Donc, soyons claires : le consentement n'a rien à voir avec la longueur de votre jupe. Il ne s'agit pas d'interpréter des signes. Il n'y a qu'un seul mot qui veuille dire «oui», et c'est… «oui». Parmi tous les autres, de «je ne sais pas» à «non», aucun ne signifie «peut-être» ou «vas-y, tente ta chance» : le reste, ça veut juste dire «non». Nous devons absolument enseigner cette notion aux plus jeunes et leur apprendre à respecter la volonté de quelqu'un qui dit «non».

Lorsqu'on parle de relations sexuelles, croire qu'un consentement explicite ruine l'ambiance est tout bonnement stupide… Et les seuls à le penser sont précisément ceux qui se fichent royalement du consentement.

Comme si ce n'était pas assez compliqué, la société a du mal à accepter qu'une femme puisse dire «oui». Parce qu'on considère qu'elle ferait mieux de s'autocensurer. Mais le désir n'est pas une prérogative masculine. Nous avons tous·tes le droit d'avoir du désir et, au même titre, nous avons tous·tes le droit de refuser ce qu'on ne désire pas.

#NONCESTNON #JAIPASDITOUI
#OUIOURIEN #LECONSENTEMENTCESTSEXY

«Non» veut dire non, et s'il n'y a pas un «oui» explicite, c'est non aussi.

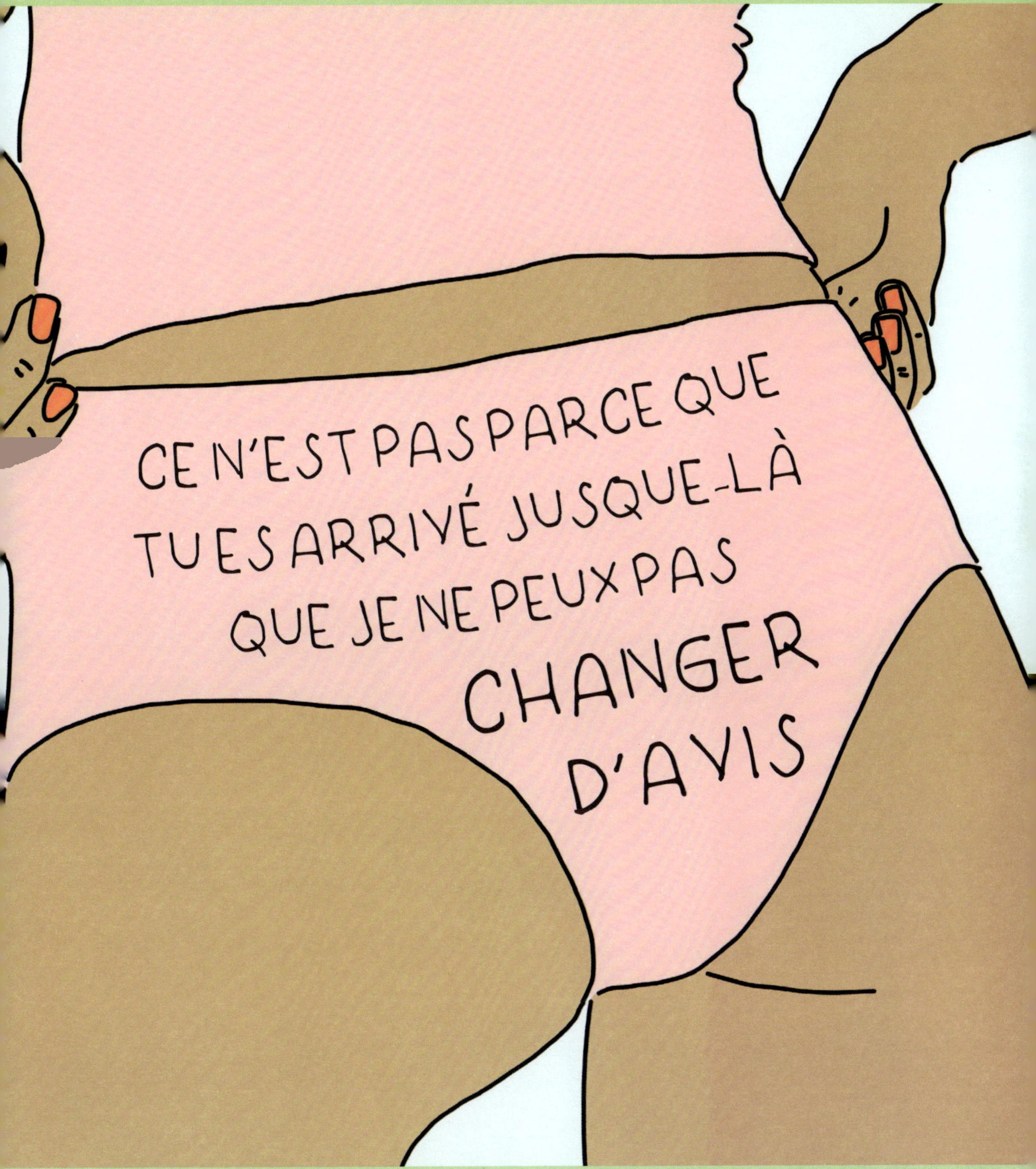
CE N'EST PAS PARCE QUE
TU ES ARRIVÉ JUSQUE-LÀ
QUE JE NE PEUX PAS
CHANGER
D'AVIS

SEXTOYS : FAITES-VOUS PLAISIR !

Les sextoys, quelle belle invention ! Amour, attention, plaisir : on le mérite. Quand j'étais jeune, je pensais qu'ils étaient réservés à des adultes bizarres et obsédés. J'avais en tête l'image d'une boutique cachée dans laquelle personne n'osait s'aventurer de peur de croiser le regard d'un homme en imperméable qui vous suivait et ricanait tout en vous montrant ses attributs. Je l'admets, cette vision tenait du cauchemar. Mais, aujourd'hui, un sex-shop ressemble plus à un magasin quelconque qu'à un cachot de film d'horreur. C'est plutôt « le monde magique des sextoys », un lieu enchanté pour adultes. Il y en a pour tous les goûts : les marques proposent de plus en plus d'objets pour combler une infinité de plaisirs.

En acheter et en parler est devenu beaucoup moins tabou, et ils sont assez design pour décorer votre maison (même si vous continuez à les planquer quand vos beaux-parents débarquent). Si vous n'avez pas encore fait l'acquisition d'un sextoy, je vous suggère de ne pas perdre une minute. Croyez-moi, un vibromasseur peut changer votre vie !

#DESSEXTOYSPOURTOUTLEMONDE

#LEPOUVOIRDUVIBRO

#BUDGETJOUETSILLIMITÉ

Pourquoi les jouets seraient-ils réservés aux enfants ?

SI VOUS
N'AIMEZ PAS
VOTRE
HISTOIRE,
RÉÉCRIVEZ-LA

Chapitre 4

◆ ◆ ◆ ◆ ◆

Amorcer un véritable changement

◆ ◆ ◆ ◆ ◆

On peut avancer tête baissée, sans penser à nos états d'âme ou à nos blessures, en se disant qu'on réglera ça plus tard. Ou on peut apprendre à se comprendre sans attendre. Regardez-vous dans un miroir et connectez-vous à votre être intérieur. Le jour où nous commencerons à réellement écouter et observer les belles choses autour de nous (comme le parc au coin de la rue, « waouh regarde-moi cet arbre ! »), nous pourrons prendre une grande inspiration et faire un pas vers notre paix intérieure.

OFF
SNOOZE
NOV
19
SELF:DOUB

MENTAL VS ESPRIT

Le mental et l'esprit : en voilà un sujet majeur sur le chemin de l'acceptation de soi. Pour faire simple, le mental est cette petite voix intérieure flippante qui ne nous aide pas toujours à prendre les bonnes décisions. C'est un mélange un peu confus de croyances que nous avons commencé à emmagasiner dès l'enfance. Un pot-pourri de notre éducation, de morale, d'expériences et d'émotions qui nous pèsent. « Je ne sais pas ce que je veux faire. » « Mange ça. » « Ne mange pas ça. » « Fais du sport ! » « Est-ce que j'arriverai un jour à accomplir quelque chose dans ma vie ? »

L'esprit, en revanche, est beaucoup plus clairvoyant. Il nous permet de voir les choses telles qu'elles sont et de les accepter sans jugement. « Je suis moi-même et je n'ai pas besoin de devenir quelqu'un d'autre. Toi, la petite voix dans ma tête qui dit le contraire, ouste ! »

Vous voyez la nuance ? Alors oui, c'est facile à dire, mais quand on commence à se connecter à soi, en faisant taire toutes nos pensées négatives, on fait un grand pas vers l'épanouissement personnel.

#SANTÉMENTALE #PAIXINTÉRIEURE
#SERECONNECTERÀSOI

Ne soyez pas votre propre ennemi !

ACCUEILLIR SES ÉMOTIONS

« Quelle hystérique ! » « Elle a ses règles ou quoi ? » Des petites phrases plutôt courantes quand une femme se met en colère. Et puis, « Pleurer, c'est pour les faibles », si vous êtes un homme. Dans notre système binaire, c'est un comportement honteux pour les mâles. Pffff ! Le résultat ? Que nous soyons un homme, une femme, ou que nous appartenions à une autre identité de genre, nous sommes tous·tes condamné·e·s à refouler nos ressentis et nos émotions, ce qui prépare un terrain fertile au développement de futurs traumas.

(Voix intérieure) : « Laetitia, reste calme…

– Mais ça m'énerve tellement !

– Oui, mais tu es une femme, tu ne peux pas te mettre en colère, tu dois être gentille, docile, calme et agréable.

– Oh, ta g***** toi ! »

Oups ! Bon, de toute façon… Les émotions sont un phénomène naturel, mais lorsqu'elles viennent de notre tête, à cause de cette petite voix malveillante qui nous joue souvent des tours, nous essayons de les contrôler. Mais les nier ou les étouffer n'est pas une solution saine, parce que cela nous empêche de les reconnaître. L'idée est d'apprendre à les appréhender sans les juger.

#LESÉMOTIONSPARLENT

#OBSERVERSESÉMOTIONS

#ACCEPTERSESÉMOTIONS

Pour accepter nos émotions, apprenons à les repérer.

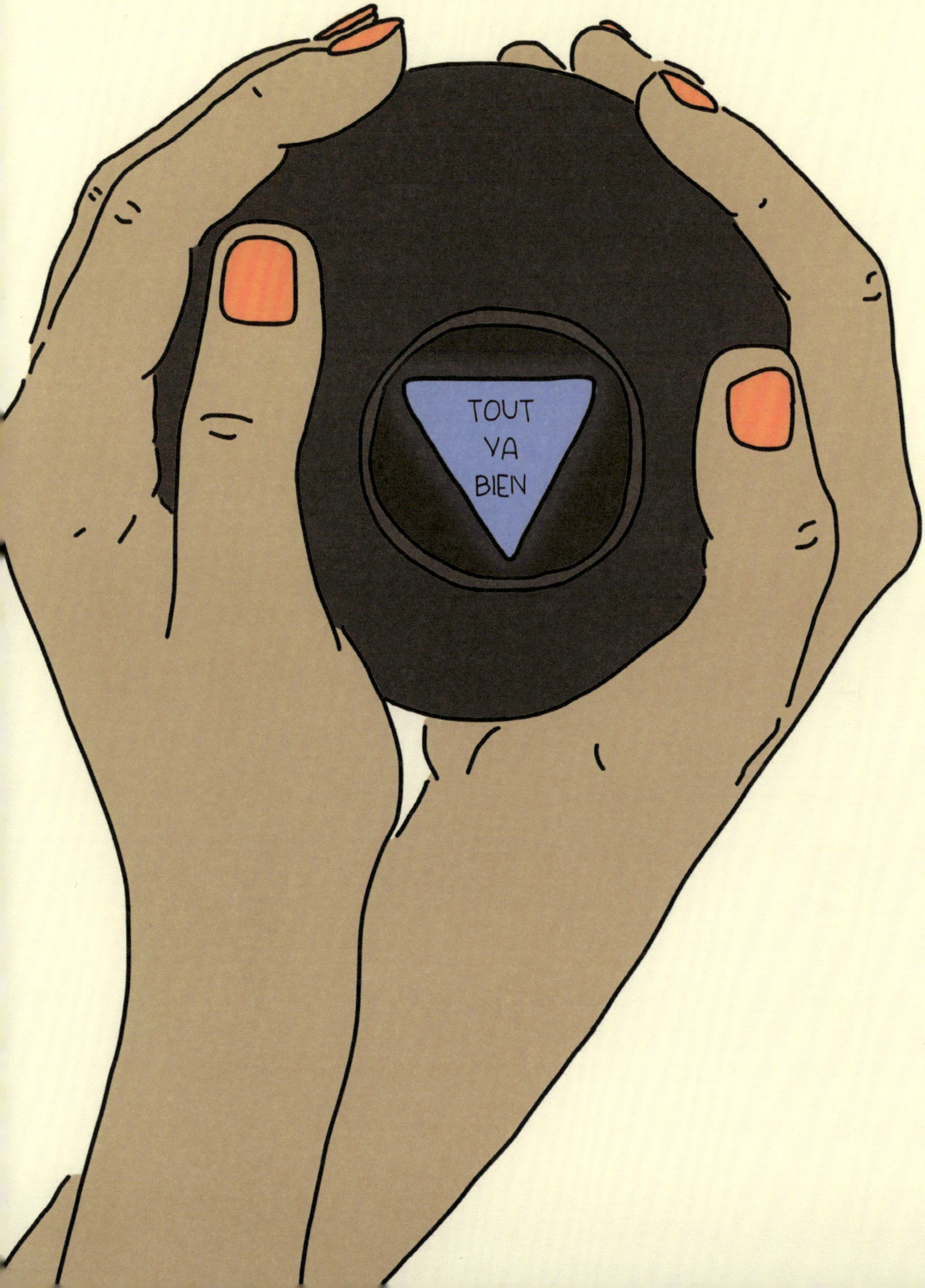
TOUT
VA
BIEN

TICKET
TO CRY

LE DROIT DE PLEURER

Nous sommes apparemment les seules créatures à pleurer sous le coup de l'émotion. C'est dingue, non? On répète souvent aux enfants, surtout aux garçons, «Sois fort» ou «Ne pleure pas, c'est rien», même lorsqu'il s'est produit un événement grave à nos yeux. Mais, enfin, il n'y a pas de honte à pleurer! Nous sommes tous·tes des êtres vulnérables et, en tant qu'enfants, il nous est arrivé de le faire, quel que soit notre genre. Or, il va sans dire que, plus on vieillit, plus la vie devient compliquée. Le passage de l'enfance à l'âge adulte est dur, c'est un changement que nous ne voulons pas connaître parce que le monde des adultes semble être le foutoir, avec toutes ses obligations et responsabilités. Et d'ailleurs, parmi les adultes, qui n'a pas encore envie de verser une larme une fois de temps en temps? Toujours tout affronter sans jamais faiblir relève de l'utopie!

En acceptant cette vulnérabilité, on réalise qu'elle est une force et qu'il n'est pas nécessaire de la cacher. En plus, les larmes libèrent des «hormones du bonheur». Pleurer a en effet de nombreux bienfaits : ça réduit le stress, nous fait comprendre que quelque chose ne nous convient pas et, socialement, c'est une façon d'appeler à l'aide. En somme, pleurer, c'est cool et sain. Alors, pourquoi se retenir?

#PASDEHONTEÀPLEURER

#PLEURERESTLIBÉRATEUR

#HORMONESDUBONHEUR

Un peu, beaucoup, de temps en temps...
Laissez-vous aller, laissez vos émotions sortir!

SELF-CARE : PRIORITÉ N° 1

Il semble plutôt logique de prendre soin de soi et de ne pas se négliger, non? Mais le faisons-nous réellement? Nous avons tous·tes notre lot de déceptions, de relations malheureuses et toxiques et de rencontres désastreuses. Et on se dit : «Quelle merde!» Mais on continue d'aller de l'avant, jusqu'à finir... à bout de souffle. Car nous sommes des animaux sociaux et nous avons besoin d'interactions. Alors nous pensons que nous devons être «aimables» à tout prix... et nous en oublions de fixer des limites. Nous jouons en permanence au jeu des comparaisons, comme si la vie était une compétition. Nous passons notre temps libre sur les réseaux sociaux, à scroller et à scruter le succès des autres. Nous avons l'impression que tout le monde a une vie merveilleuse, sauf nous. Nous rêvons de devenir une personne qui ne correspond pas exactement à qui nous sommes vraiment. En somme, nous avons tendance à nous maltraiter.

Or, il existe un juste milieu, un équilibre entre soi et l'autre. Et si nous sommes gentil·le·s avec les autres, nous devrions aussi l'être avec nous-mêmes! Il y a beaucoup de petites choses que nous pouvons faire pour retrouver notre harmonie intérieure. Heureusement, notre corps parle quand nous le négligeons ou quand nous ne sommes pas en accord avec nous-mêmes. C'est une question d'énergie! Écoutez-le, sans oublier que votre vie vous appartient, que c'est vous qui la vivez, et personne d'autre!

#ÉCOUTEZVOUS #ÇAENVAUTLAPEINE #VOTREBIENÊTRECOMPTE #SELFCARE #RESPECTEZVOSBESOINS

Prendre soin de soi ne devrait pas être une option.

IL N'Y A AUCUN MAL
À VOUS FAIRE PARFOIS
PASSER EN PRIORITÉ :
NE CULPABILISEZ
PAS DE FAIRE
CE QUI EST BON
POUR VOUS

VOUS N'AYEZ
DE COMPTES
À RENDRE
À PERSONNE

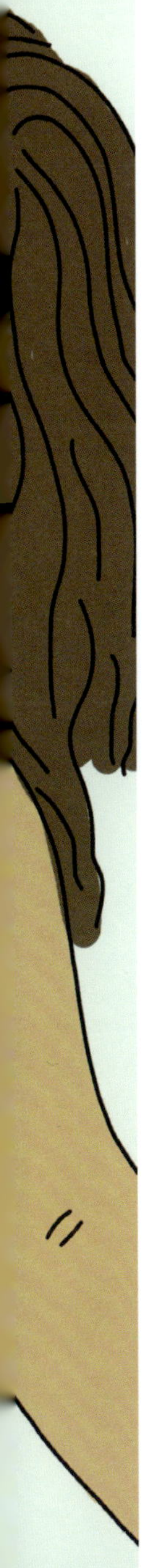

OSER DIRE « NON »

Vous devez apprendre à dire « non ». Je sais que ce n'est pas facile, je connais bien le sujet ! Pendant longtemps, j'ai eu du mal à le faire. Parfois, on n'ose pas le dire pour ne pas paraître désagréable, ou par peur de ruiner l'image que les autres ont de nous. Et dans le monde dans lequel nous vivons, nous avons toujours l'impression que nous devons être présent·e·s, hyper-productif·ive·s... toujours en action ! Mais nous ne devons pas laisser les autres épuiser notre énergie, sinon, ils nous marcheront dessus.

Certaines personnes n'ont pas conscience des autres parce qu'elles ne comprennent pas les subtilités des relations. Or, elles ne sont pas à sens unique, genre « J'ai tout ce que je veux » et « Tout m'est dû ». Il faut du temps pour comprendre que cela doit cesser. En général, nous sommes au bord de la crise de nerfs lorsque nous finissons par lancer un très timide et discret « non ». À l'intérieur, c'est un immense cri de désespoir que nous poussons alors. On n'en peut plus. Puis le « non » devient plus naturel et nous fait nous sentir mieux. N'est-ce pas ?

Ce « non » doit être entendu et respecté, et ça vaut pour toutes les situations désagréables que nous ne voulons pas vivre.

#POSERDESLIMITES

#NONMERCI #LEDROITDEDIRENON

Si ce n'est pas ce que vous recherchez, ce dont vous avez besoin, si ça fait mal, la réponse est « non » ! Pas besoin de vous justifier. « Non » est une phrase en soi.

LA NOURRITURE : UNE AMIE, PAS UNE ENNEMIE

Malheureusement, nous ne sommes pas tous·tes égaux·ales face à la nourriture. Disons-le tout de suite : le patriarcat a aussi sévi dans ce domaine, et ça a laissé des traces, surtout sur les femmes… Comme c'est bizarre ! Vous ne me croyez pas ? Dans ce cas, d'où vient la culture des régimes ? Une femme doit être mince, mais pas trop, et elle doit surveiller sa silhouette et son poids. Pendant que les hommes se font plaisir, nous, nous devons grignoter ! Arrêtons de nous contenter des miettes ! Au sens propre, comme au figuré…

Quand ce n'est pas notre entourage qui nous répète « Tu devrais manger moins, sinon tu vas grossir » ou bien « Tu devrais manger davantage, tu es trop mince », ce sont notre propre mental et la misogynie intériorisée qui nous mettent la pression. Et on s'en veut quand on mange ce qui nous tente. Parfois, on a juste envie d'un bon burger. Et alors ? Quand on est dans une situation difficile ou qu'on se sent mal, on cherche du réconfort dans la nourriture. Mais puisque nous accordons trop d'importance aux chiffres – l'âge, le poids, la taille, les centimètres –, il nous en faut peu pour développer un rapport amour-haine avec la nourriture.

#LESPLAISIRSDELAVIE

#MANGEZCEQUEVOUSVOULEZ

#PASBESOINDEVOUSJUSTIFIERQUANDVOUSMANGEZ

Que vous mangiez pour le plaisir ou par compulsion, la nourriture a toujours une valeur émotionnelle.

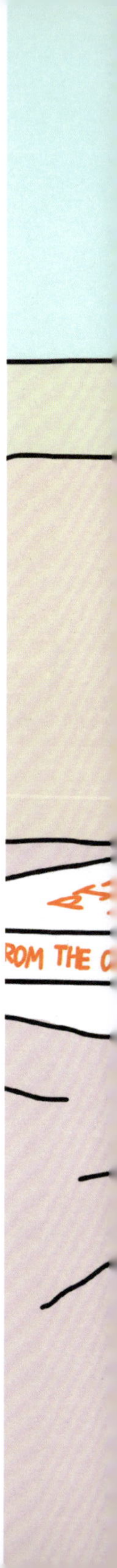

AND FRESH
SERVED HOT
UST 4 U

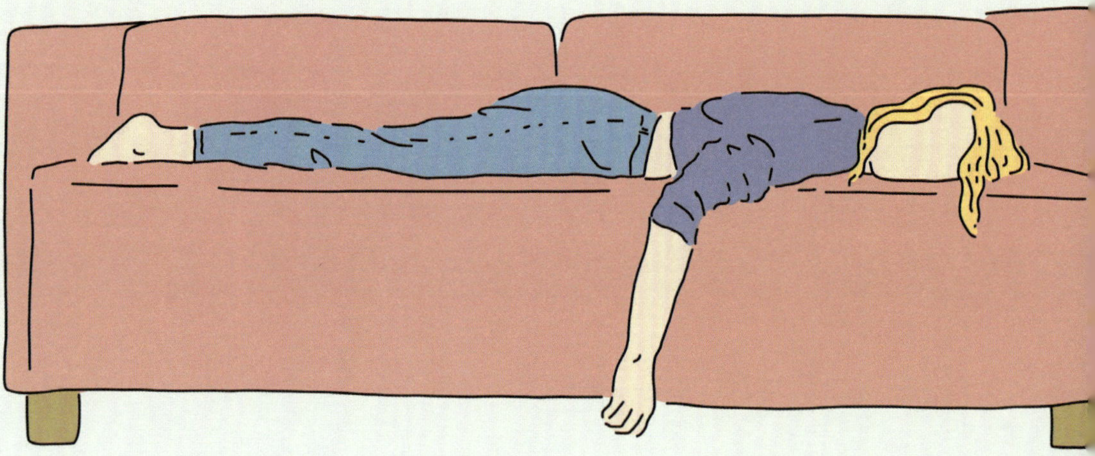

MOTIVATION SANS PRESSION

Le simple fait de penser à la motivation m'épuise;). Il faut une énergie incroyable pour la maintenir au top. Quand vous êtes une femme, vous en avez besoin dès le réveil ! Prendre une douche, se maquiller, se coiffer, s'apprêter pour se conformer aux attentes de la société : bon courage, vous en avez facilement pour une bonne heure. Trois, si vous êtes une vraie perfectionniste !

J'ai appris à réévaluer mon taux de motivation parce que, en tant que femmes, dans le monde dans lequel nous vivons, nous avons toujours quelque chose à prouver. Comme si on ne méritait pas notre place ou qu'on l'avait volée à un homme à qui elle revenait de droit. Tout ça n'est qu'une invention du patriarcat, évidemment. Les femmes prouvent chaque jour leurs capacités dans tous les domaines, et nous sommes tout aussi douées que les hommes. Et, d'ailleurs, d'où vient cette injonction à la productivité ? Comme si vous perdiez de votre valeur quand vous n'êtes pas en train de faire quelque chose. Quelquefois, il vaut mieux s'arrêter deux minutes, voire refuser une proposition. Et si ça arrive, pas besoin de remettre en cause votre valeur.

#RIENÀPROUVER

#MOTIVATIONÀZÉRO

#NONAUXEXCÈSDEPRODUCTIVITÉ

Notre valeur ne se mesure pas à notre productivité.

CŒUR SUR VOUS-MÊME EN PRIORITÉ

Quand on pense à l'Amour avec un grand A, on imagine souvent un film qui se termine par une chanson kitsch. Oui, nous avons tendance à associer l'amour au couple. Attention, je ne dis pas que l'amour en couple n'existe pas, mais, parfois, nous le confondons avec un autre sentiment. Et ainsi, nous nous retrouvons emprisonné·e·s dans une relation qui n'est pas faite pour nous et dont nous n'arrivons pas à sortir, peut-être parce que nous pensons que nous ne méritons pas mieux. Nous y voilà. L'importance de l'Amour-propre, avec un grand A, lui aussi ! Ça peut paraître égoïste, et souvent nous essayons de le repousser. Mais nous l'avons entendu maintes fois, et nous devons nous le répéter : *vous* êtes votre premier amour !

L'amour de soi est une force à ne pas sous-estimer. Et ça implique de prendre des décisions pour soi, avant tout, sans transiger. Parce que mon futur moi me remerciera d'avoir eu la capacité de dire « non » ou « ciao » aux situations et aux personnes qui n'étaient pas bonnes pour moi.

Avoir conscience de sa valeur est un bouclier contre les attaques extérieures. Lorsqu'on s'aime, le doute n'a plus sa place. Notre esprit est solide, inébranlable. Il ne nous juge pas.

#AMOURSURMOI #TEAMSELFLOVE
#VOUSÊTESVOTREPREMIERAMOUR

Écoutez bien ça : votre valeur ne dépend que de vous. Vous êtes votre premier amour, alors traitez-vous en conséquence : bien, avec respect et sans faire de compromis !

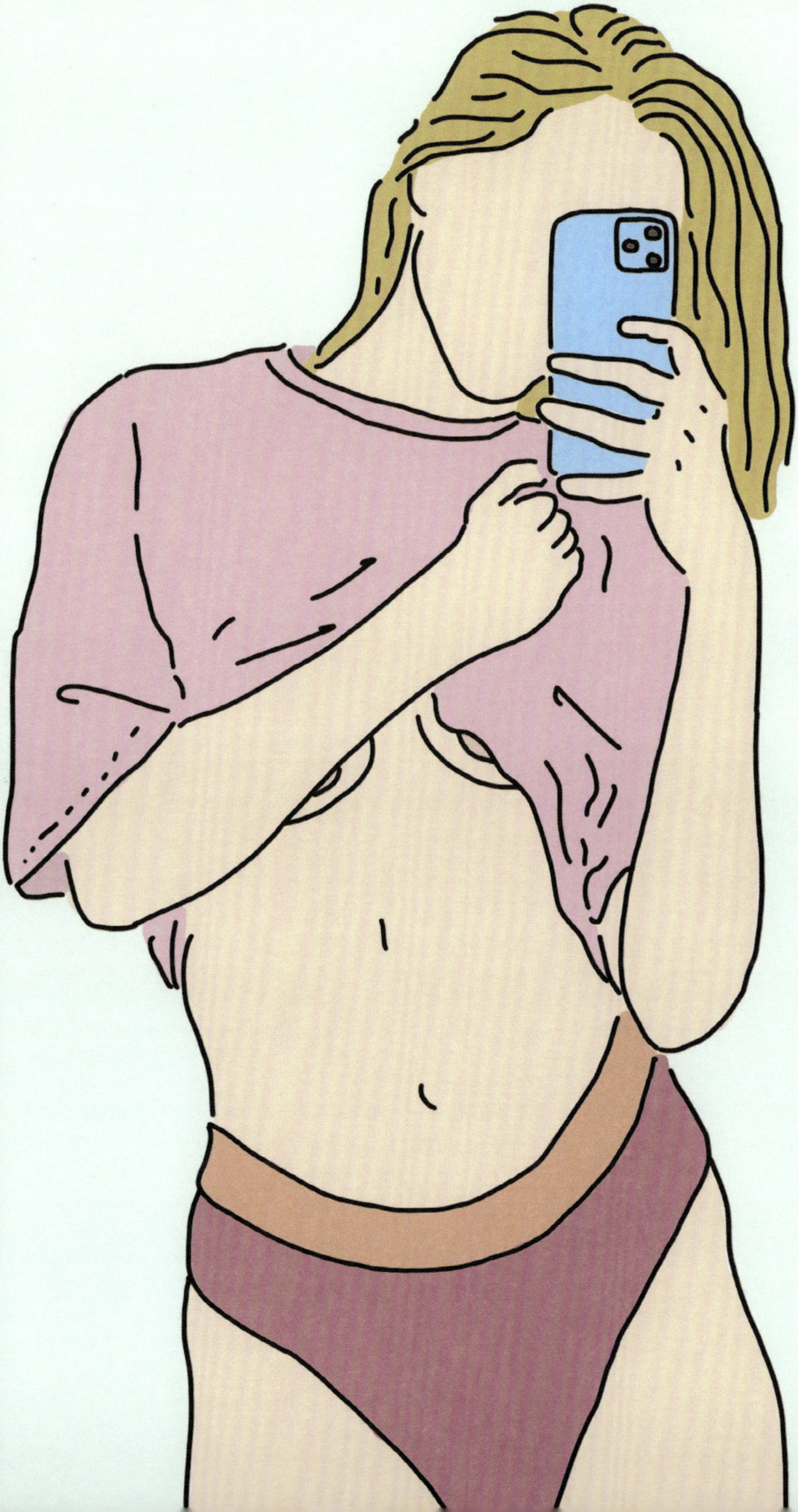

NE REGARDEZ
JAMAIS
DERRIÈRE VOUS,
SAUF SI
C'EST POUR
VOIR TOUT
LE CHEMIN
PARCOURU

EN ROUTE VERS L'ACCEPTATION DE SOI !

C'est sur l'acceptation de soi que reposent nos vies. Et plus tôt on l'entreprend, plus tôt on arrive à trouver son équilibre. On ne passera pas à travers les obstacles de la vie et, entre la confusion qui règne dans nos têtes et celle qui sévit tout autour de nous, il y a pas mal de boulot ! Au lieu de valoriser la réussite sociale et la compétition, ne vaudrait-il pas mieux nous pousser à nous découvrir et à nous célébrer dans notre singularité, à comprendre et à apprécier nos différences ? Seul bémol, ça ruinerait la carrière de certains chirurgiens esthétiques, qui seraient obligés de se reconvertir…

À bas les diktats physiques, psychologiques et mentaux ! Chaque personne est unique, et quand on peut être honnête avec soi-même et reconnaître ses forces et ses faiblesses, on favorise la bienveillance envers soi-même. En s'acceptant, on découvre plus facilement ce que l'on aime et ce que l'on n'aime pas, et c'est un point crucial : ça nous donne l'opportunité de développer et d'améliorer notre existence. S'accepter est un processus qui peut prendre du temps, mais le jeu en vaut vraiment la chandelle !

#APPRENDREÀSAIMER

#ACCEPTEZVOUSCOMMEVOUSÊTES

#CONNAISSEZVOUSPROTÉGEZVOUS

Parce que personne ne le fera à votre place !

FINI LES JUGEMENTS !

Être une femme, c'est être jugée en permanence. Et, croyez-moi, ça n'a rien d'une promenade de santé. Nous sommes bombardées d'attentes quant à notre façon d'être et de nous comporter. Il faut qu'on ait des seins, et des gros, *mais* attention, pas trop gros ! On doit aussi porter des talons... parce qu'il faut absolument paraître grandes et filiformes ! Mais gare à ne pas dépasser son partenaire, ça risquerait de menacer sa virilité. Une femme doit avoir des formes, *mais* surtout pas ressembler à une brindille, ni être grosse ! On doit se mettre au régime *mais* être naturelle ! Rien ne doit dépasser, jamais.

Les injonctions, et avec elles les contradictions, s'enchaînent. Ça commence à l'âge où nous sommes particulièrement vulnérables, et ça se poursuit dans le monde du travail, où il est toujours plus difficile de trouver grâce aux yeux des employeurs. Nous sommes jugées sur nos compétences sociales, notre culture, notre « éthique » et, évidemment, notre apparence. Nous sommes constamment confrontées aux critiques et aux jugements... STOP ! Oubliez tout. Remettez les compteurs à zéro, et faites ce que vous voulez.

#JUGERCESTFACILE

#TONAVISTULEGARDESPOURTOI

#DURDÊTREUNEFEMME

Il n'est pas facile d'être une femme dans un monde où juger l'autre est monnaie courante. Nous devons nous forger une armure faite d'amour-propre et d'indifférence.

LES FEMMES NE
VOUS DOIVENT
RIEN

TRUST YOUR
VISION

CRÉATIVITÉ : SUIVEZ VOTRE INTUITION

La créativité et l'intuition sont à la portée de tout le monde. Nous devons juste nous faire confiance et arrêter de penser que nous ne sommes pas à la hauteur. Nous avons tous·tes des choses à dire. L'important est de ne pas copier. Admirer, oui, copier, non ! C'est pourtant arrivé à beaucoup d'entre nous parce que nous doutions de nos capacités, mais l'erreur est humaine, ce n'est pas un crime. Vous pouvez retourner à la case départ et tout reprendre.

La créativité est source de bien-être car elle est libératrice. Il se peut qu'elle génère de la souffrance, mais elle reste intéressante pour se décharger. Malheureusement, de nos jours, il est difficile de ne pas se laisser absorber par son téléphone ou son ordinateur et de ne pas surinterpréter ce qui se passe sur les réseaux sociaux de peur de manquer quelque chose. Nous avons tendance à aller vers le bruit et l'effervescence. Or, la créativité requiert de la concentration et un espace intérieur. Elle se nourrit de nos expériences, de notre capacité à regarder autour de nous, à contempler et à explorer.

Si on ajoute à tout ça une bonne dose de détermination et de folie libératrice, on s'aperçoit que notre créativité peut être fun et sans limite.

#CRÉATIVITÉSANSLIMITE

#INTELLIGENCECRÉATIVE

Ouvrez votre cœur, et votre créativité n'aura plus de limites.

Chapitre 5

◆ ◆ ◆ ◆ ◆

La santé : halte aux préjugés !

◆ ◆ ◆ ◆ ◆

Comme le dit l'adage, tant qu'on a la santé… Or, malheureusement, nous ne sommes pas tous·tes égaux·ales face à la maladie. Les caractéristiques anatomiques, hormonales, génétiques et sociales entrent en jeu. Sans compter que les maladies qui touchent principalement les femmes ont longtemps été reléguées au second plan. À l'inverse, toutes les maladies en sont-elles vraiment, ou les normes imposées nous font-elles croire que certaines de nos différences et de nos particularités en sont ?

QUAND TU ME DÉVISAGES,
ÇA EN DIT LONG SUR
TON INTOLÉRANCE,
PAS SUR MON ÉTAT
DE SANTÉ

APPARENCE PHYSIQUE ≠ ÉTAT DE SANTÉ

La médecine et la recherche font des progrès chaque jour. Un peu moins lorsqu'il s'agit de maladies dites «féminines», mais nous avons déjà parlé de la société patriarcale, et je crois que vous avez compris le principe... Eh oui, les hommes ont même monopolisé le monde médical, en priorisant les maladies qui les touchaient!

Des normes concernant notre apparence physique ont été édictées au nom de la santé. Pourtant, elle ne révèle pas toujours ce qui se passe à l'intérieur du corps. «Avoir l'air malade», ça n'existe pas! On peut avoir l'air en bonne santé, d'après les critères dictés par la société, sans l'être, et vice versa... Certaines personnes se battent contre des maladies invisibles, d'autres peuvent en transmettre, parfois sans même le savoir. Et inversement, ce n'est pas parce qu'une personne est grosse qu'elle a des problèmes cardiaques ou respiratoires! Assez de tous ces clichés! Tout le monde sait que les apparences peuvent être trompeuses, non?

#INVISIBLEMAISBIENLÀ #ÉCOUTEZ #LHABITNEFAITPASLEMOINE

L'apparence d'une personne ne reflète pas son état de santé.

ENDOMÉTRIOSE : UNE MALADIE, PAS UNE MODE

Souffrez-vous parfois de crampes si douloureuses qu'elles vous font vomir ? J'en connais un rayon sur le sujet. Ça a commencé petit à petit... jusqu'à atteindre des douleurs violentes, avec des épisodes qui me donnaient envie de me taper la tête contre les murs. L'arrivée de mes règles est devenue un cauchemar. Des douleurs lancinantes dans le dos et le ventre... Des instants terribles qui duraient jusqu'à ce que je vomisse. Les règles ne sont jamais un moment agréable, mais des souffrances comme celles-là, c'est trop ! Alors j'ai fait mes propres recherches et j'ai découvert qu'il existait une maladie gynécologique peu connue appelée « endométriose », qui touche une femme sur dix. En m'apercevant que j'en avais tous les symptômes, j'ai supposé que j'en étais atteinte. J'ai donc essayé d'obtenir un diagnostic, mais il m'a fallu batailler pour trouver un médecin qui me donnerait une confirmation formelle. Une fois, un gynécologue m'a même ri au nez, en me disant que l'endométriose était juste « à la mode ». Un de ces fameux moments où l'on se demande : « Est-ce que je suis juste faible et douillette ? »

Mais sachez ceci : si vous avez des crampes qui vous font vous tordre de douleur, premièrement, ça n'a rien d'un effet de « mode », et, deuxièmement, ce n'est pas acceptable ! Ne perdez pas de temps, allez consulter un spécialiste de l'endométriose. Et rassurez-vous, il existe des solutions pour atténuer et stabiliser la douleur. Elle peut notamment être maîtrisée par l'adoption d'un régime alimentaire adéquat. À titre personnel, depuis que j'ai commencé à faire du sport régulièrement, l'intensité de la douleur a beaucoup diminué et les épisodes se font plus rares. Je suis une nouvelle personne !

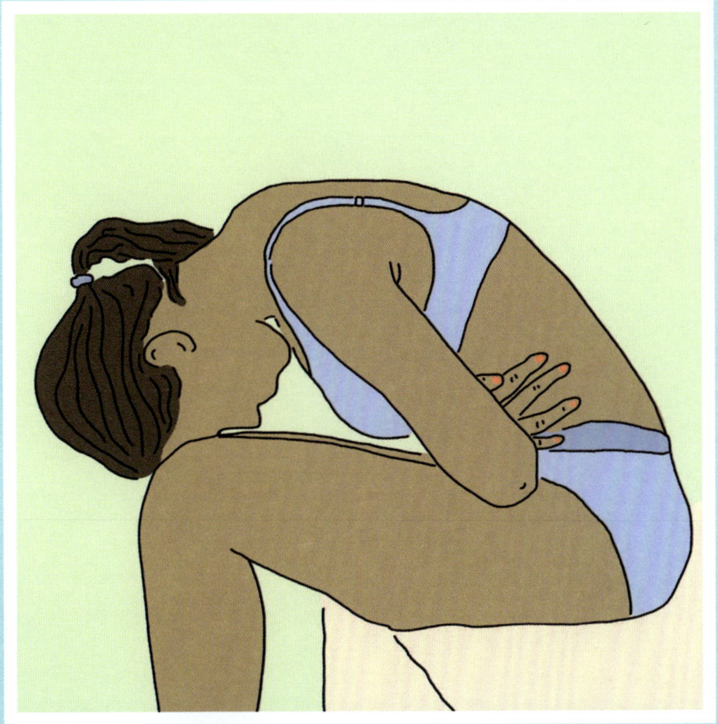

Ce qui est étrange, c'est que cette maladie, certes pas mortelle mais très handicapante au quotidien pour les malades, soit encore si peu comprise. Devons-nous vraiment souffrir en silence simplement parce que nous vivons dans un monde patriarcal? Si on s'assoit là-dessus, qu'est-ce qui nous attend, après? Il est essentiel que les femmes soient plus présentes dans la recherche médicale, pour que les maladies qui nous concernent ne soient pas négligées, mais activement étudiées!

#MALADIESFÉMININES

#ONVEUTDESRÉPONSES

#ARRÊTONSDESOUFFRIRENSILENCE

Sommes-nous censées souffrir en silence juste parce que nous vivons dans un monde patriarcal? C'est quoi, la suite?

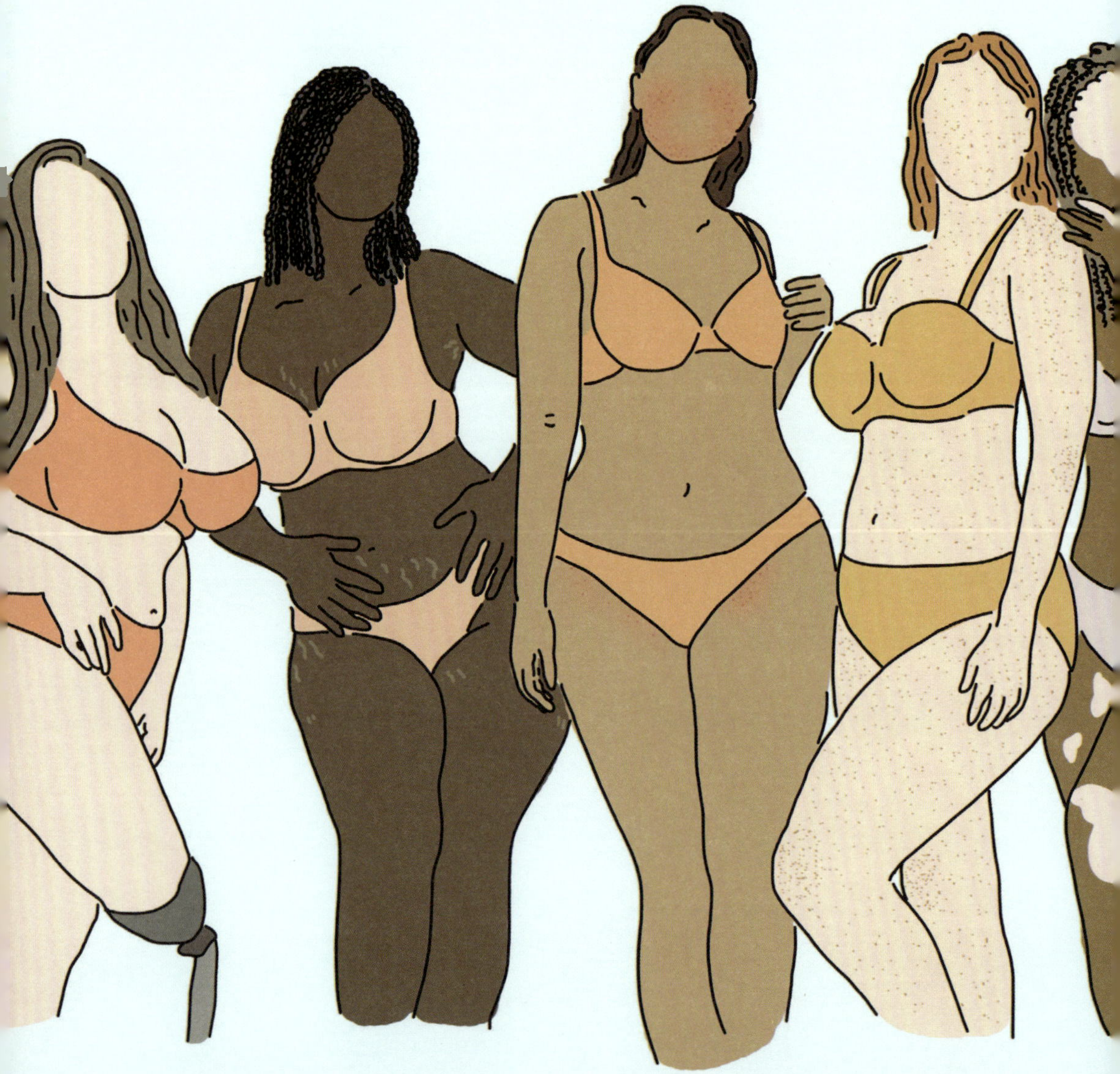

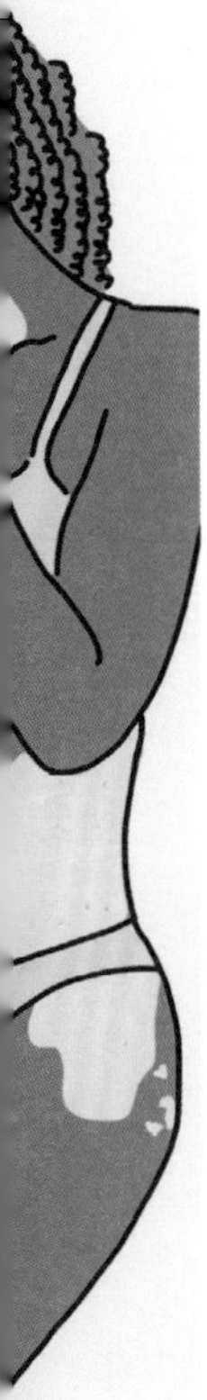

MALADIE, HANDICAP : LE POUVOIR DE L'INCLUSIVITÉ

Ce n'est pas facile de vivre avec des « malformations » physiques dans une société fondée sur la perfection et la performance. Les personnes souffrant de maladie ou en situation de handicap doivent vivre avec leurs différences et apprendre à supporter les regards parfois moqueurs des autres. C'est un combat quotidien. Mais grâce aux réseaux sociaux, nous avons vu naître et grandir une communauté de gens qui ont transformé leurs handicaps en forces. Ils y exposent leurs cicatrices, leurs prothèses, leurs aides médicales ou leur fauteuil roulant pour sensibiliser le public. Ces militant·e·s nous donnent une leçon précieuse sur l'acceptation de soi et nous rappellent que l'inclusivité est puissante ! Il est très important de diffuser une vision positive du sujet – à travers les médias, l'art et la mode – pour aider les personnes concernées à mieux vivre leur maladie ou leur handicap, et d'en parler à grande échelle pour inciter la recherche à trouver des traitements contre les maladies rares et incurables. Nous méritons tous·tes d'être vu·e·s, représenté·e·s et accepté·e·s et de profiter de l'ensemble de nos capacités physiques.

#LINCLUSIVITÉESTUNEFORCE

#ACCEPTEZVOSDIFFÉRENCES

#BEAUTÉSRARES

Une différence qui se voit, c'est une signature singulière et puissante.

LE DÉPISTAGE : PASSAGE OBLIGÉ

Le cancer est le mal du siècle ! Pourtant, nous n'avons toujours pas trouvé comment le guérir définitivement ni comment éviter d'en développer un. Bien sûr, les chercheurs s'y intéressent, mais beaucoup de questions restent sans réponse. Nous ne savons toujours pas ce qui se passe exactement dans le corps d'une personne atteinte d'un cancer. Il semblerait que tout le monde possède un petit nombre de cellules cancéreuses prêtes à se développer… ou non. Voilà pourquoi il est si important de faire des contrôles réguliers.

Les tumeurs mammaires touchent un grand nombre de femmes. Huit cas sur dix surviennent après l'âge de 50 ans mais, même avant, il ne faut pas considérer que ça n'arrive qu'aux autres. Nous devons rester vigilantes ! De la même façon, il est important, à tout âge, de prévenir les tumeurs du col de l'utérus en faisant régulièrement des frottis et des dépistages de papillomavirus (HPV), lesquels augmentent fortement les risques. Pour s'en protéger au maximum, des vaccins existent, alors renseignez-vous ! Pour ma part, je crois que le stress et la frustration, lorsqu'ils sont ignorés ou sous-estimés, peuvent créer des conditions favorables au développement de certaines maladies. Encore une raison pour laquelle l'acceptation de soi est si importante.

#JEFAISDESFROTTISRÉGULIÈREMENT

#CANCER #INFORMEZVOUS

#PRENEZSOINDEVOUS #JEMEPALPE

Le cancer, ça ne doit pas être pris à la légère.

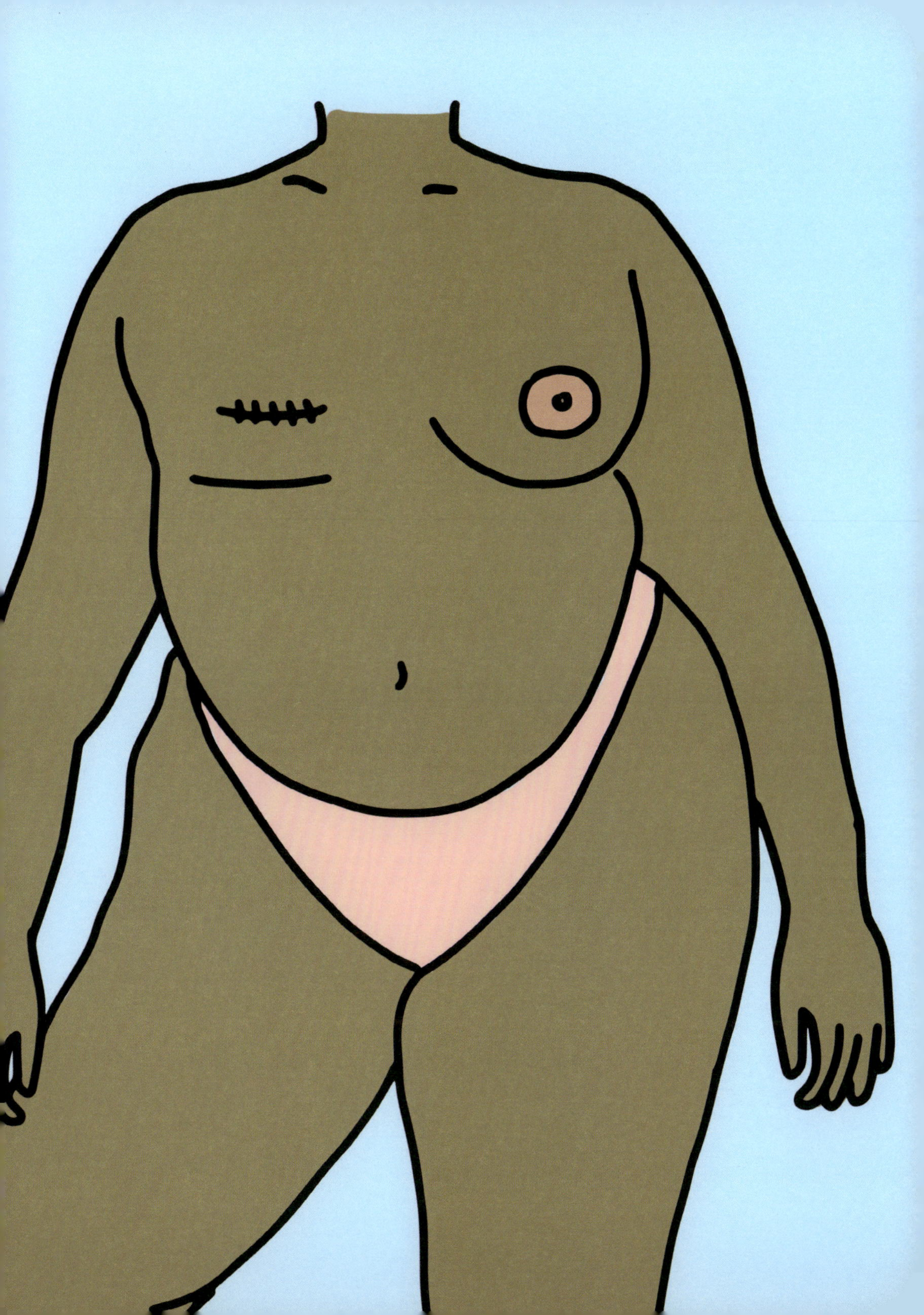

SNACK!
SNACK
SNACK
SNACK
MORE SNACKS
SNACK
EVEN MORE SNACKS

BOULIMIE ET COMPULSION ALIMENTAIRE

La boulimie est un trouble du comportement alimentaire caractérisé par une relation pathologique avec la nourriture. Elle se manifeste par des crises de compulsion alimentaire répétées et persistantes, accompagnées de comportements compensatoires (vomissements, jeûne, prise de laxatifs ou exercice physique excessif). Elle est souvent liée à des troubles psychologiques non résolus, un mal non diagnostiqué. Elle touche principalement les adolescentes et les jeunes femmes entre 11 et 20 ans, mais persiste souvent à l'âge adulte car le processus de guérison est long, et parce que le trouble n'est parfois identifié et traité que des années plus tard. Il n'est pas aisé d'affirmer sa personnalité et de se libérer de ses blessures intérieures en tant qu'enfant. Et même s'ils n'ont pas de mauvaises intentions, les parents ne savent pas toujours comment s'y prendre. Et puis il y a l'école, la pression sociale, les absurdités du monde, et nous devons traverser tout ça avant de pouvoir enfin apprendre à nous redécouvrir tel·le·s que nous sommes : notre véritable nature, nos traits de caractère, sans les blessures que nous avons accumulées. Il y a bien trop de pression sur les filles. On ne le répétera jamais assez : la valeur d'une personne ne réside pas dans son apparence.

#SORTIRDELABOULIMIE

#BOULIMIE #COMBLERUNVIDE

L'apparence de votre corps ne détermine en rien qui vous êtes.

LES DANGERS DE L'ANOREXIE

L'anorexie est un trouble du comportement alimentaire, peut-être encore plus dangereux que la boulimie. En effet, elle peut sérieusement affaiblir le corps en provoquant divers symptômes, comme l'absence de menstruations, et même dans des cas extrêmes entraîner la mort. Elle est plus répandue chez les femmes. Dans une société où ces dernières subissent une pression permanente au sujet de leur apparence physique... Comme c'est bizarre ! Mais aussi très sérieux. L'anorexie est le résultat d'une pression tellement intense quant à l'apparence physique que certaines adolescentes et jeunes femmes fragiles grandissent avec la phobie de devenir grosses. Elles se considèrent en surpoids. Elles ont une perception déformée de leur image et se voient toujours trop grosses, malgré la perte de poids massive. Au début, elles se sentent bien, sont heureuses de perdre du poids mais, progressivement, elles commencent à perdre confiance en elles, ce qui peut engendrer une dépression. Les spécialistes n'en ont pas encore déterminé l'origine exacte, mais il y a un sérieux problème d'éducation auquel nous devons remédier immédiatement. Il devient crucial d'être à l'écoute de nos enfants et de prendre des mesures concrètes pour améliorer leur bien-être.

#SORTIRDELANOREXIE #IMAGEDESOI
#COMBATTRELESTCA #ANOREXIE

C'est une maladie dangereuse et difficile à soigner. La vigilance est de mise !

ANORGASMIE : HELP !

Il est possible d'avoir un orgasme en l'absence de désir et, à l'inverse, il est possible d'éprouver du désir sans jamais avoir d'orgasme : c'est l'anorgasmie. Ce phénomène toucherait près d'une femme sur 10 en France. Et pourtant, ça reste un immense tabou. Comme la société insiste sur le fait que l'orgasme est *le* but de la sexualité, celles et ceux qui n'en ont jamais se sentent «anormaux·ales». Résultat : c'est le début d'une course à l'orgasme qui a tendance à se révéler contre-productive.

De nombreux facteurs peuvent entraîner une anorgasmie, mais sa cause principale est souvent psychologique et non que physique, qu'elle soit identifiée ou non. Elle peut résulter d'un traumatisme, comme une agression sexuelle, mais découle souvent d'un manque de confiance en soi, de la pudeur ou de la peur, d'une éducation trop stricte ou de difficultés à accepter ses propres désirs. Pour surmonter ces blocages psychologiques et accéder au plaisir, vous devez communiquer avec votre partenaire et apprendre à vous connaître. Le plaisir offre en outre une palette bien plus variée que le seul orgasme…

#ACCEPTERSASEXUALITÉ

#PASDORGASMEÀTOUTPRIX #OUIAUPLAISIR

#PLAISIRETORGASMESONTDEUXCHOSESDIFFÉRENTES

Le chemin vers le plaisir commence par une vie sexuelle en accord avec ses désirs.

LES CYSTITES, ENNEMIES DE LA VESSIE

Les cystites, communément appelées «infections urinaires», sont très banales, puisqu'une femme sur deux y est confrontée au moins une fois dans sa vie. Elles surviennent fréquemment au début de la vie sexuelle et après la ménopause. Il s'agit d'une inflammation de la vessie, généralement causée par la bactérie *Escherichia coli*. Pour faire simple : ça brûle quand vous faites pipi. Ça peut être douloureux comme asymptomatique, ou ne provoquer qu'une gêne. En général, c'est assez facile à soigner, mais il faut s'en occuper. Lorsque cette infection n'est pas traitée efficacement, ce qui arrive trop souvent, elle peut se transformer en cauchemar. Certaines personnes développent ainsi des cystites chroniques et se retrouvent plongées dans un cercle vicieux de stress et de surmédication. Sans parler des ravages de la pyélonéphrite, si les reins sont touchés… Allez, les filles, il est temps de mettre fin à tout ça. N'écoutez personne qui chercherait à minimiser votre douleur.

#PARLEZDESCYSTITES

#SUIVRELESBONSCONSEILS

#VESSIESFRAGILES

Les infections urinaires sont très répandues. Parlons-en pour en finir avec ce tabou qui met en danger notre santé !

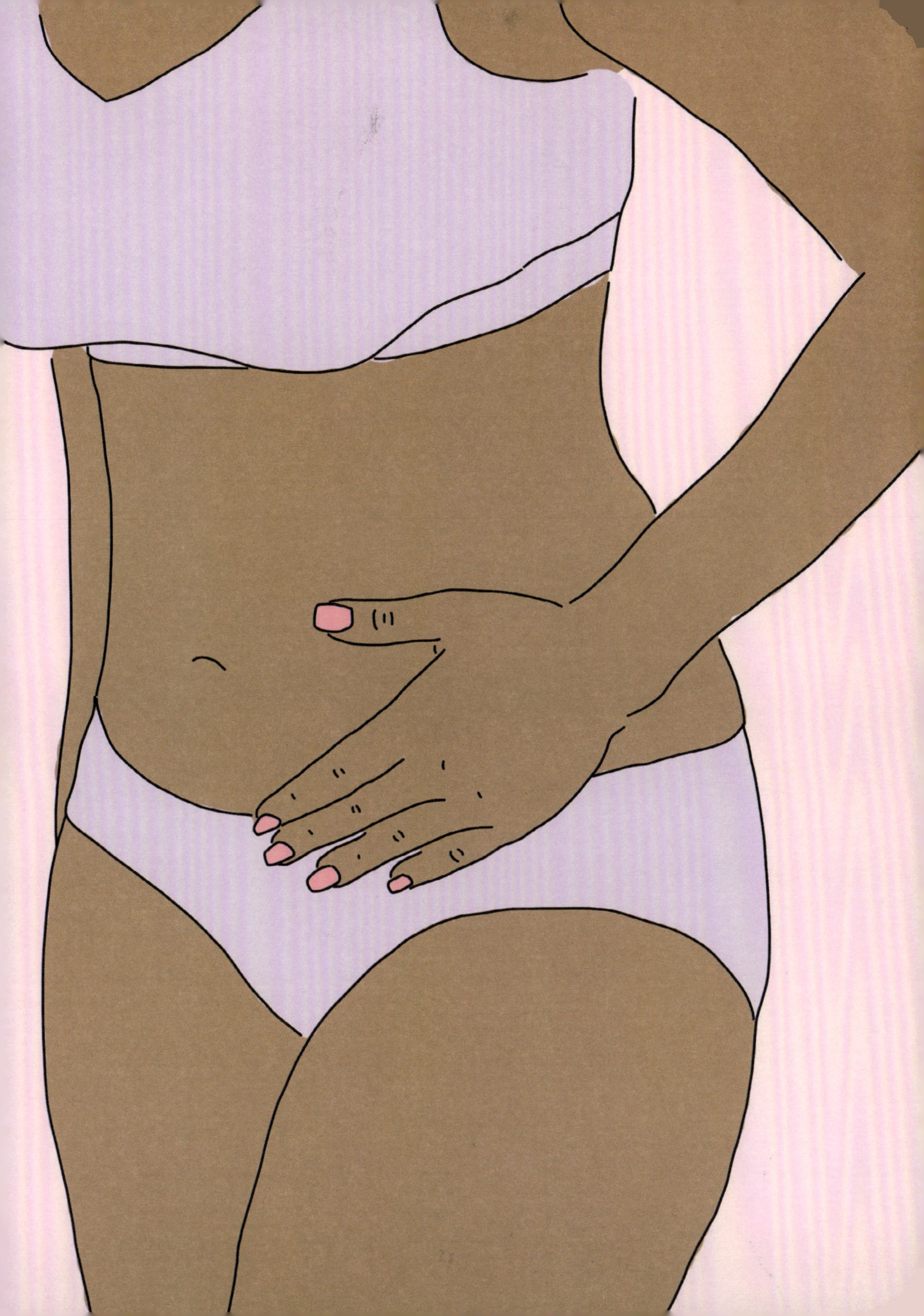

Chapitre 6

La reproduction au cœur du système patriarcal

Comme nous l'avons déjà évoqué, l'utérus – et ses fonctions reproductrices – intéresse beaucoup les hommes, qui cherchent à lui imposer leurs propres règles. Pourtant, c'est très simple : l'utérus appartient aux personnes qui en ont un ! Et quand on donne la vie, la question est : « À qui l'enfant appartient-il ? » Les femmes les mettent au monde, mais ils prennent généralement le nom de leur père. Une fois de plus, le patriarcat a laissé des traces. Néanmoins, il cède un peu de terrain : aujourd'hui, la science permet aux couples qui ne correspondent pas au traditionnel « maman et papa » de procréer. On peut alors s'interroger sur la volonté de se reproduire à tout prix quand beaucoup d'enfants n'ont pas de foyer, mais c'est un autre sujet...

MON CORPS,
MA SEXUALITÉ,
MES PRINCIPES,
MA VOIX,
MON CHOIX

Pas les tiens

DROITS REPRODUCTIFS : C'EST MOI QUI DÉCIDE

La liberté reproductive est une notion assez vaste, étroitement liée aux droits humains, politiques et sociaux. Elle concerne le droit à l'avortement, à l'éducation, à l'accès à la contraception et à tous les services de santé sexuelle, autant que l'égalité des droits au sein de la famille, le droit de choisir si l'on veut se marier ou non, la protection contre toute forme de discrimination et de violence.

La liberté reproductive est donc l'un des chevaux de bataille primordiaux de la lutte pour l'émancipation des femmes, puisqu'elle est directement liée à la dignité individuelle et à notre capacité à prendre des décisions concernant notre sexualité. Ce droit fondamental confère ainsi aux femmes une certaine autonomie reproductive qui les libère notamment des grossesses non désirées.

Même si nous nous battons contre les stéréotypes et les comportements sexistes depuis un demi-siècle, il subsiste dans certains pays une pression sociale ou religieuse qui empêche les femmes d'accéder à ces droits essentiels. C'est une lutte perpétuelle contre la mentalité encore très masculine dont notre société est empreinte.

#ÉMANCIPATIONDESFEMMES

#AUTONOMIEREPRODUCTIVE

#LIBERTÉREPRODUCTIVE

Ces droits fondamentaux garantissent aux femmes le contrôle de leur corps.

DU SEXISME JUSQUE DANS LA CONTRACEPTION

Je ne veux pas être celle qui casse l'ambiance, mais, du fond du cœur, merci, la contraception ! Elle nous évite de tomber enceinte quand nous n'en avons pas envie, et certaines méthodes contraceptives peuvent aussi nous protéger des infections sexuellement transmissibles. Il ne doit pas s'agir d'un tabou. Elle permet de pratiquer le *safe sex*, que l'on pourrait traduire par « sexe sans risque », à travers plusieurs options : physiques, chimiques ou chirurgicales.

Cependant, il existe des polémiques sur le fait que l'industrie de la contraception est sexiste. Les femmes subissent en effet beaucoup plus souvent que les hommes les contraintes et les effets secondaires de celle-ci – sans compter les lourdes conséquences si elles n'en utilisent pas. D'ailleurs, de plus en plus de femmes refusent la pilule. Et pour cause : elle n'est pas idéale pour la santé. Ça ne vous semble pas bizarre que, sous pilule, votre cycle soit réglé comme une horloge ? Moi, quand je l'ai arrêtée, *bam*, des boutons ont pointé le bout de leur nez ! Elle perturbe complètement notre système hormonal. Ce serait bien que les hommes la prennent à notre place. Eh bien, essayons ça, alors… Ou est-ce que ça ne ferait que déplacer le problème ?

#SEXISME #EFFETSSECONDAIRES #DOUBLESTANDARD #SANTÉMENTALE

Les femmes portent injustement la charge mentale de la contraception.

AVORTEMENT : MON CORPS, MON CHOIX

L'avortement est un sujet extrêmement sérieux, dont tout le monde ne devrait pas s'emparer. C'est pourtant simple : on ne peut pas confier à n'importe qui le contrôle de nos corps au nom de la culture ou de la religion. Plus important encore, les hommes, qui n'ont pas d'utérus, ne devraient pas en être les dépositaires. Non mais et puis quoi encore?

Contrairement à ce qu'on voudrait nous faire croire, les femmes ne prennent pas l'avortement à la légère. Celles qui ont recours à une IVG ne sont pas des irresponsables. D'ailleurs, j'ai un scoop : en fait, l'avortement n'est pas une partie de plaisir. Et j'en ai même un autre : il n'est pas honteux.

Ce qui est scandaleux, c'est que, d'une part, il faille payer dans des cliniques privées lorsque l'on n'y a pas droit dans les hôpitaux publics, et, d'autre part, que les avortements doivent parfois être réalisés en cachette, dans des conditions dangereuses. Voilà pourquoi il est fondamental que le droit à l'avortement soit reconnu et protégé : non pas pour augmenter le nombre d'avortements, mais pour diminuer la spéculation des cabinets privés et, surtout, le nombre de décès dus aux avortements illégaux. Vous voyez la différence? La décision doit être personnelle, pas politique.

#IVGMONCORPSMONCHOIX

#MONCORPSMAPPARTIENT #PROCHOICE

#UNDROITFONDAMENTAL #LIBERTÉÉGALITÉIVG

L'avortement devrait pouvoir être pratiqué en toute sécurité, de façon légale et être accessible à toutes. Un point, c'est tout.

FÉMINITÉ ≠ MATERNITÉ

Avoir un bébé, ou plus, waouh, ça a l'air génial, mais c'est aussi un peu effrayant. Surtout lorsque vous rendez visite à une amie qui vient d'accoucher et que vous voyez combien elle galère. Elle veut que vous pensiez que tout va bien, mais son visage la trahit : les stigmates du stress sont bien là. Vous pouvez lire l'appel à l'aide dans ses yeux, vous suppliant de l'emmener loin, alors que sa bouche vous assure qu'elle n'a jamais été aussi heureuse. Et puis, il y a aussi des femmes pour qui la maternité est un jeu d'enfant, aussi naturelle que le fait de respirer.

On dit qu'avoir un enfant change la vie. C'est pour sûr un voyage initiatique très intense, mais se réaliser en tant que femme ne passe pas nécessairement par le fait de devenir mère. On associe souvent à tort féminité et maternité. Jadis, les femmes n'avaient pas le droit de décider pour elles-mêmes : elles étaient considérées d'office comme des usines à bébés. Mais se reproduire n'est pas une obligation, et toutes les femmes ne désirent pas d'enfant. Celles qui ne veulent pas se conformer à ce modèle prédominant subissent une pression sur un sujet qui devrait être un choix personnel. En outre, certaines rencontrent des difficultés pour en concevoir ou ne peuvent pas en avoir. Alors… Assez !

#DEVENIRMÈRE #LÂCHEZNOUSLUTÉRUS #LEDROITDENEPASAVOIRDENFANT

Les enfants, c'est comme les antibiotiques : c'est pas automatique !

ALLAITER, UN CHOIX PERSONNEL

Que vous décidiez d'allaiter ou non, préparez-vous à être jugée. Si vous choisissez de ne pas le faire, vous serez tout de suite qualifiée de «mère indigne» qui prive son enfant des bienfaits du lait maternel. Or, si l'allaitement présente de nombreux avantages pour le bébé et la maman, il constitue aussi une énorme charge physique et mentale pour cette dernière, ce qui ne doit pas être pris pour acquis. Et puis il y a aussi des mères qui ne peuvent tout simplement pas allaiter. Sans parler du regard malsain de la société qui sexualise constamment la poitrine des femmes. «Couvrez ce sein que je ne saurais voir», comme disait Molière... Ça n'a pas pris une ride! Allaiter en public peut en effet être un sacré challenge. Et puisque nous parlons des points noirs, la pression d'être la seule à pouvoir nourrir l'enfant n'est pas non plus une promenade de santé. Allaiter tout en travaillant, vous imaginez? Tirer son lait ou allaiter en présence de son patron? Lorsqu'elles allaitent, certaines femmes se retrouvent sans emploi. Comme je vous l'ai dit, c'est compliqué! Alors finissons-en avec tous ces tabous et jugements, une bonne fois pour toutes!

#NORMALISERLALLAITEMENT

#ARRÊTEZDESEXUALISERLESSEINS

#ALLAITERESTUNCHOIXPERSONNEL

Vous devriez pouvoir choisir d'allaiter ou non, sans pression ni jugement.

HELLO, MÉNOPAUSE !

On ne parle pas souvent de la ménopause. Peut-être parce que ce n'est pas un sujet très «sexy» pour un monde qui vénère la «jeunesse». C'est le moment où vous dites adieu à votre cycle pour toujours! Apparemment, ce n'est pas une expérience facile à vivre, et la façon dont on la décrit sonne comme une punition. «Maintenant, prends tes cliques et tes claques, et du balai, avec ta ménopause! C'est fini pour toi, tu es sur le chemin de la vieillesse. Condamnée aux bouffées de chaleur interminables, à la fatigue, aux sueurs nocturnes, à la chute des cheveux et à une triste vie sexuelle…» Dites donc! C'est quoi, cette maladie? Ah, ce n'en est pas une? Eh non, en fait, c'est simplement une étape naturelle dans la vie d'une femme (et des hommes trans, et des personnes non binaires et intersexes). Souvenez-vous qu'il existe de nombreuses options pour faire face aux éventuels désagréments de la meilleure façon possible. Tout comme le sens de la vie d'une femme n'est pas de procréer, cette vie ne s'arrête pas à la ménopause. Ça va pas bien, hein!

Plus de règles. Quand je pense aux douleurs qu'elles me causent, je crois que ce sera pour moi l'occasion de sortir le champagne. La ménopause devrait être une fête!

#UNEÉTAPENORMALEDELAVIE

#UNENOUVELLEÉTAPE #LIBERTÉ

#TOUJOURSUNEFEMME #AGING

Champagne, la ménopause est là! Les règles, c'est fini pour toujours! Libérééée, délivréééе…

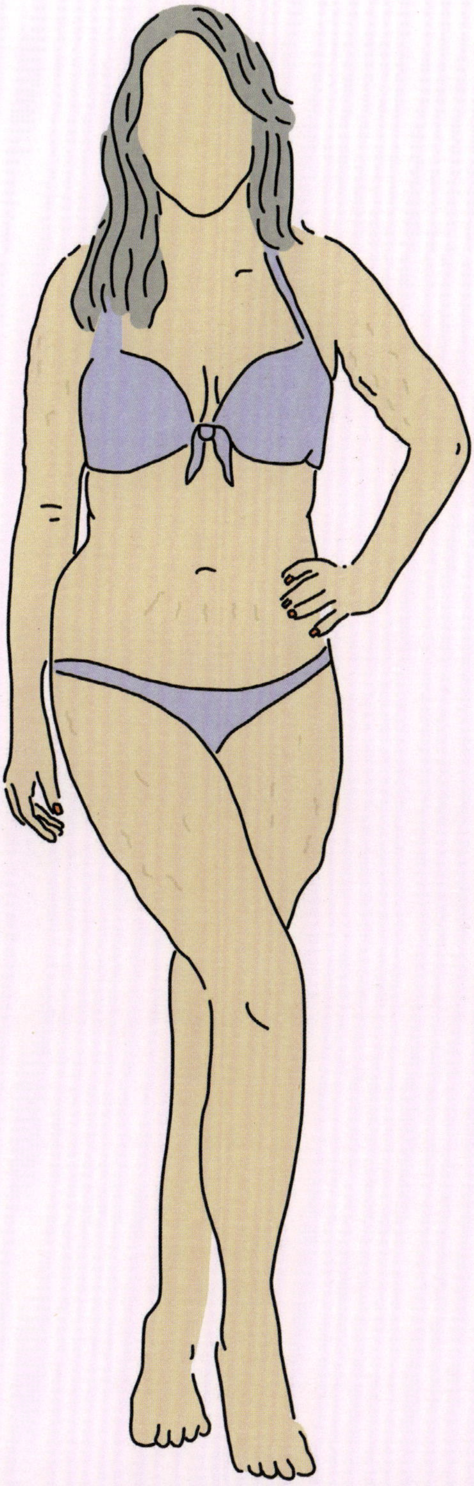

Chapitre 7

◆ ◆ ◆ ◆ ◆

Une société plus inclusive

◆ ◆ ◆ ◆ ◆

Nous sommes mis·e·s dans des cases dès la naissance (voire avant!) : hommes *versus* femmes. Dès cet instant, nos vies entières sont orientées dans une certaine direction. Nous avons droit à tel ou tel jouet, telles couleurs, puis telles activités, telles études, un certain niveau de liberté pour construire notre vie et notre personnalité... Et derrière ces stéréotypes se cache un immense message : l'égalité n'existe pas. Par exemple, nous ne pouvons pas accéder de la même manière à certaines professions. Alors, à bas les normes ! Et à bas le patriarcat. Je me rends compte que c'est plus facile à dire qu'à faire, mais on veut un monde meilleur ou pas ?

PAS BESOIN DE VOUS FAIRE
TOUTE PETITE
OU DE PRENDRE
MOINS
DE PLACE
POUR FAIRE
PLAISIR AUX
AUTRES

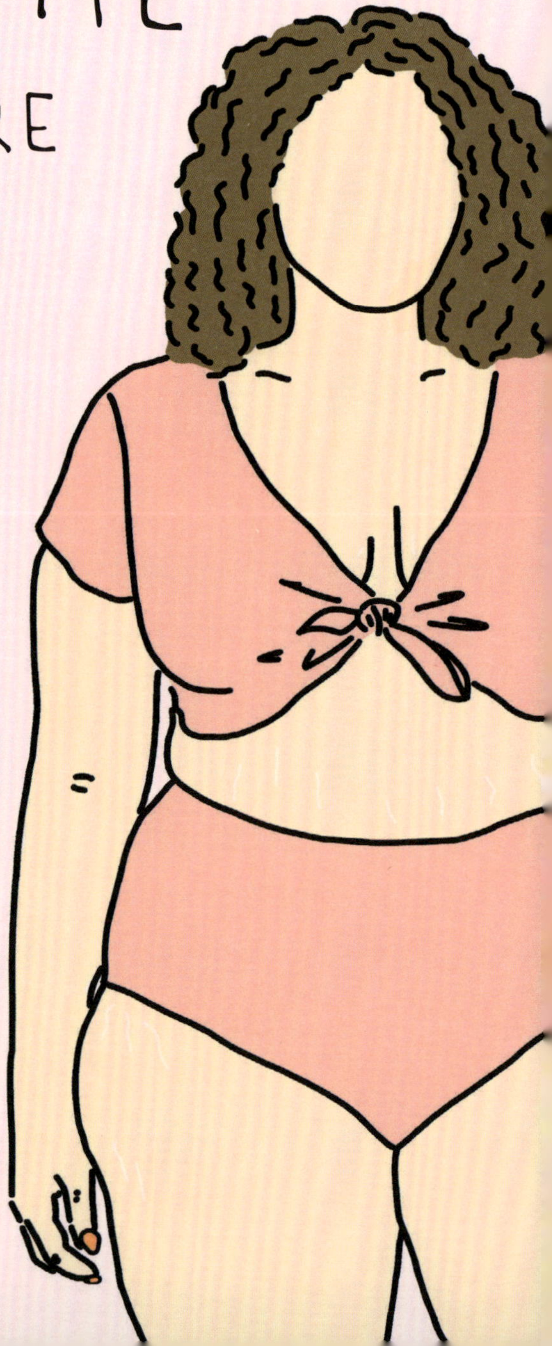

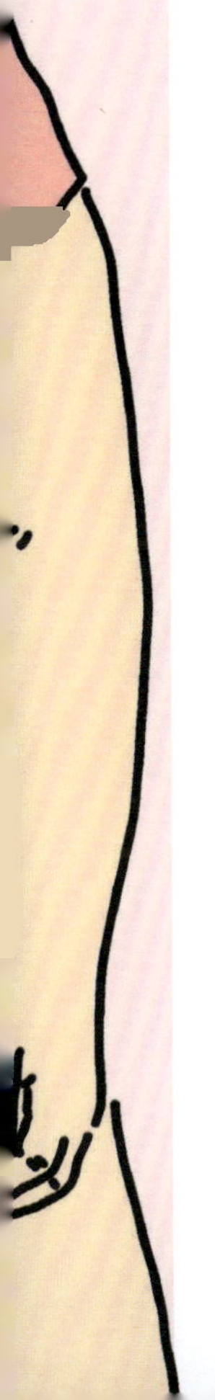

LIBERTÉ : LES TEMPS CHANGENT

Je ne cherche pas à lancer une révolution ni à générer de l'anxiété, mais je pense que nos libertés sont lentement et discrètement grignotées. Je n'aime pas beaucoup l'idée, prétendument progressiste, de placer une micro-puce électronique sous ma peau contenant toutes les informations utiles. Ce n'est pas pour moi. Imaginez si, chaque fois que vous faisiez un achat, votre banque vous demandait confirmation par SMS :

– Madame, avez-vous vraiment acheté trois sextoys cette semaine ?

– Moi ? C'est étrange, ça ne peut être qu'une erreur ! Vous savez bien que les femmes n'aiment pas ce genre de choses... (Oups !)

Je ne veux pas en arriver au point où on scruterait chacun de nos mouvements. Heureusement, la lutte pour certaines libertés a déjà commencé, et nous ne ferons pas machine arrière, comme pour les droits des femmes et le droit à l'avortement. Il n'est pas nécessaire de militer activement, mais nous ne pouvons pas rester indifférent·e·s aux luttes qui nous concernent, nous et notre avenir. Nous ne pouvons pas laisser la flemme prendre le dessus lorsqu'il s'agit de nos libertés. La liberté de penser et de vivre comme nous l'entendons et avec qui nous voulons. Non que ce soit compliqué, pourtant, nous devons encore lutter !

#LIBERTÉSANSCONDITION #CESTMAVIE

La liberté n'a pas de prix. Mais si on ne fait pas attention, on pourrait bientôt le payer très cher...

LES PRINCESSES, AU PLACARD !

Aujourd'hui, après que beaucoup d'eau a coulé sous les ponts, j'arrive à percevoir le message moraliste qui alimentait la machine des contes de fées. Une pauvre fille retenue captive par un « méchant », attendant patiemment d'être délivrée par le prince charmant. Et puis le fameux baiser libérateur. Avec du recul, l'histoire prend un tout autre sens, et le problème est flagrant. « Mais maman, je croyais qu'un riche prince allait venir me chercher et m'aimer pour toujours ! Alors pourquoi Adrien était au chômage et a fini par me larguer ? » J'exagère peut-être, mais le mythe de la princesse est vraiment déprimant. Soyons belles pour séduire un prince qui va résoudre tous nos problèmes, comme si nous étions incapables de faire quoi que ce soit par nous-mêmes, à part essayer de plaire à un homme. Je ne dis pas qu'il faut arrêter de regarder *La Belle au bois Dormant*, mais simplement que nous devrions faire davantage attention au message que nous transmettons aux enfants, et leur expliquer que ce n'est pas la réalité. En tout cas, que ce n'est pas notre seule option dans la vie.

#PASTAPRINCESSE

#JEPEUXMEDÉBROUILLERTOUTESEULE

#RELATIONNERSURUNPIEDDÉGALITÉ

L'époque des princesses est révolue, et c'est bien mieux ainsi.

VOUS CHERCHEZ
LA PERSONNE
QUI VA
CHANGER
VOTRE VIE ?

REGARDEZ
DANS LE
MIROIR

LA PUISSANCE
EST EN NOUS,
CHANGEONS
LES CHOSES

REPENSER L'ÉDUCATION

La frontière qui sépare l'éducation, les attentes et le conditionnement est très mince. Notre système éducatif ayant été conçu pour l'élite et pour la protection de ses privilèges, il faudrait, me semble-t-il, repenser l'éducation du tout au tout. Et comme nous mélangeons souvent intelligence et connaissance, ça ne s'annonce pas facile. Disons que nous sommes encore vraiment très loin du but. Si on ajoute à cela le fait que nous encourageons la compétition entre les enfants dès leur plus jeune âge, on voit la catastrophe se profiler à l'horizon. On ne nous apprend pas à nous connaître, mais plutôt à nous comparer aux autres. Or, nous ne sommes pas tous·tes fait·e·s pour les mêmes choses. Si on enseignait autrement, nous saurions ce qui est bon pour nous. Et si nous n'étions pas enfermé·e·s dans des rôles qui ne nous correspondent pas, nous aurions plus d'opportunités et nous gagnerions un temps précieux. Car nous sommes conditionné·e·s dès l'enfance et, lorsque nous le réalisons, nous nous nous épuisons à essayer de nous déconstruire. N'est-ce pas malheureux ?

#RÉINVENTERLESYSTÈMEÉDUCATIF

#ARRÊTONSLECONDITIONNEMENT

Battons-nous pour une éducation qui aide tout le monde – vraiment tout le monde – à s'épanouir.

FAIRE CARRIÈRE : UN DROIT, PAS UNE OBLIGATION

Pourquoi le mot « carrière » me fait-il le même effet qu'un coup sur la tête ? Il m'a marquée dès que j'ai commencé à mettre le pied dans l'industrie musicale, à l'âge de 17 ans. Et il me paraît toujours aussi pénible que le jour où mon producteur, cet homme impressionnant, à la carrure intimidante, m'a posé un ultimatum, m'obligeant à choisir entre ma « carrière » et mon partenaire. Peut-être parce qu'il m'a alors fait croire que le contrat était basé sur ma jeunesse ou, selon ses termes, sur ma « pureté ». Ou parce qu'il m'a enfermée dans un bureau pour m'empêcher de voir mon petit ami. Ou parce que ça m'a énormément coûté, financièrement et émotionnellement, de m'éloigner de lui après qu'il m'a fait signer les pires contrats sous prétexte de m'aider à faire décoller ma carrière. Peut-être que c'est pour toutes ces raisons que je déteste ce mot. La lutte pour l'égalité avance, mais je suis toujours inquiète pour les jeunes filles vulnérables qui cherchent à se lancer. Sans expérience, on n'a pas toujours le courage de dire non, et ça, c'est dangereux.

#UNECARRIÈRESIJEVEUX

#NONAUHARCÈLEMENT

Faire carrière, c'est bien, mais pas à n'importe quel prix !

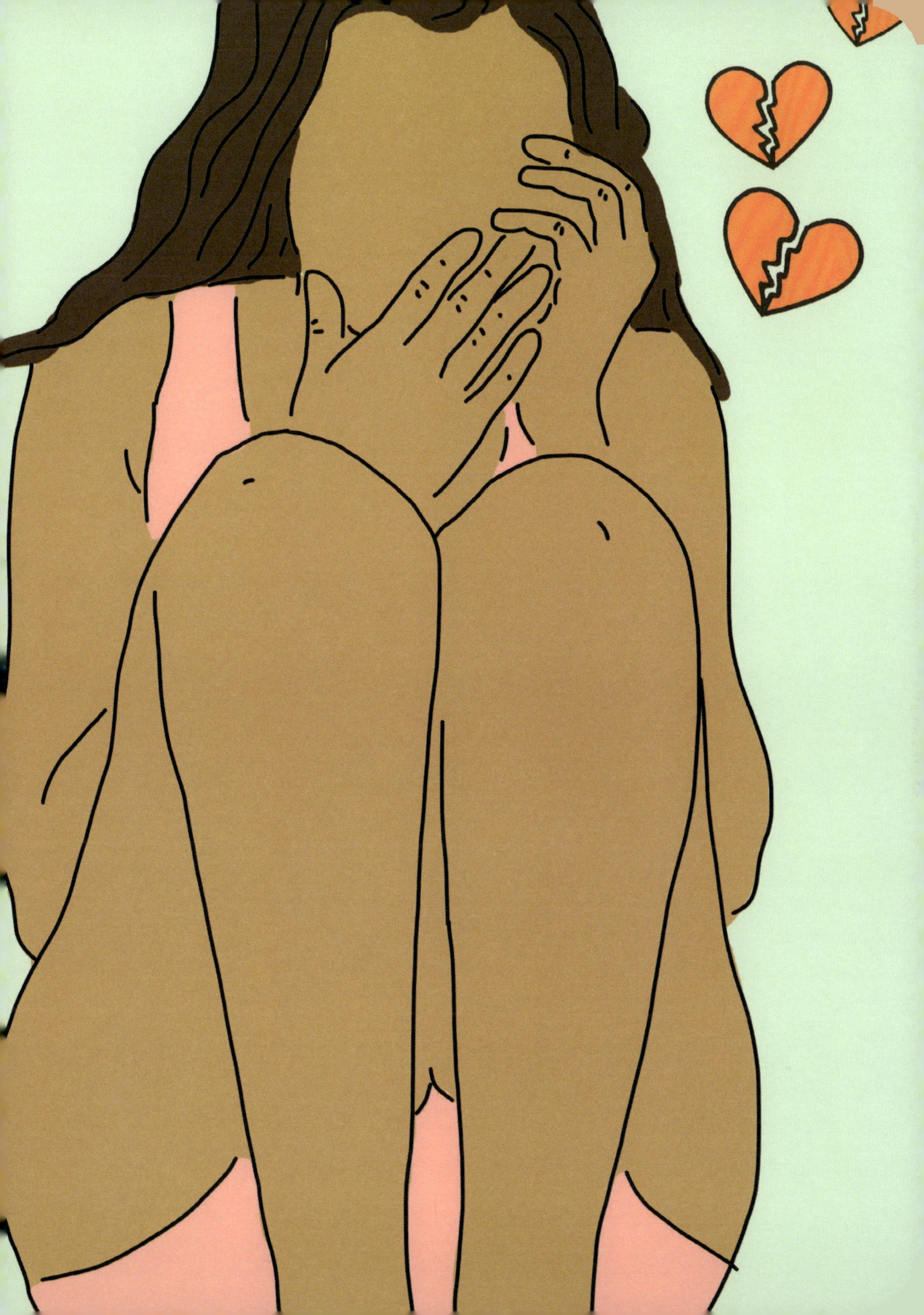

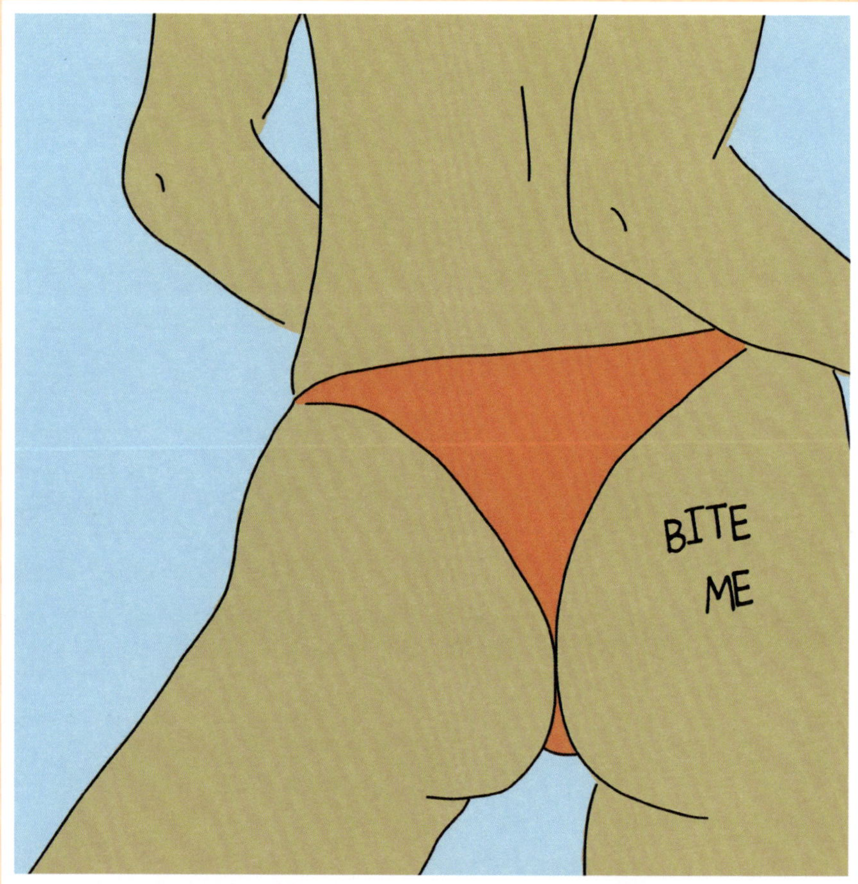
BITE
ME

LE SEXE, ÇA FAIT VENDRE

Pas croyable?! Nous vivrions dans une société hypersexualisée? Je ne l'avais pas remarqué. Vraiment, je ne m'étais pas rendu compte que les photos avec le plus de vues sur Instagram étaient celles qui montraient des jeunes filles ultra sexy. Des mannequins en maillot de bain avec les jambes écartées. Je n'avais pas remarqué que c'était exactement la même chose sur TikTok, mais avec un petit plus : des chorégraphies.

Je sais que ce ne sont pas les photos de paysages qui fonctionnent le mieux sur les réseaux sociaux. La sexualisation fait vendre! Elle fait vendre des crèmes, des voitures, des confitures, n'importe quoi. C'est une technique vieille comme le monde qui marche encore aujourd'hui. Le désir d'un produit est associé au désir sexuel. Et bien sûr, c'est toujours le corps de la femme que l'on sexualise. Cette habitude fait partie intégrante de notre société; quelle réalité tragique. Mais ça suffit, vous ne trouvez pas? N'en avons-nous pas marre de cette société d'hyperconsommation? Avons-nous peur de nous ennuyer? Il y a tellement d'autres choses à faire. Comme prendre un café ou aller se promener. Et pour une fois, laissez votre téléphone à la maison.

#ARRÊTONSDETOUTSEXUALISER

#NONÀLHYPERSEXUALISATION

#ACHATSCOMPULSIFS

Si on consommait moins, on pourrait consacrer plus de temps à d'autres choses.

CENSURE SUR LES RÉSEAUX : MÉFIANCE !

« Censure ». Rien que le mot m'exaspère. Il reflète toute l'hypocrisie qui existe dans notre société. D'une part, on utilise le sexe pour vendre plus, de l'autre, on censure complètement le corps. Instagram étant devenu un outil indispensable à mon travail de curatrice d'art, je ne voudrais pas mordre la main qui me nourrit, mais quel défi… Ce réseau est puritain et conservateur. Je dois faire attention à tout ce que je publie, en floutant, en pixellisant et en bloquant chaque téton féminin (aucun problème avec ceux des hommes), en craignant de voir mon compte signalé à chaque nouvelle photo postée, ce qui détruirait l'ensemble du projet et cinq ans et demi de travail. J'ai déjà perdu ma page Facebook, une sanction sournoise et injuste de la part des hommes de la Silicon Valley. C'est terrifiant ! Je faisais vraiment attention ; ai-je oublié un bout de sein quelque part ? Quel scandale ! Alors maintenant, je fais profil bas. Les sanctions tombent à droite et à gauche, sans prévenir, et on se retrouve impuissant·e devant cette censure totalitaire.

C'est le summum de l'hypocrisie quand on pense à la portée des commentaires sexistes, violents, grossophobes et homophobes qui incitent à la haine et qui ne sont, eux, jamais censurés sur Instagram. Non, c'est le corps féminin qui est dans le collimateur de la police d'Internet. Le corps qui ne correspond pas aux fameux standards : celui qui a des bourrelets, des poils, ce genre de choses. Cette censure n'est pas que choquante, elle a aussi de véritables conséquences sur les minorités marginalisées, féministes, queer, trans ou les travailleur·euse·s du sexe.

Et si l'on y réfléchit, les réseaux sociaux ont des méthodes très précises pour surveiller et « modérer » leurs plateformes, avec des employé·e·s qui sont obligé·e·s de passer en revue

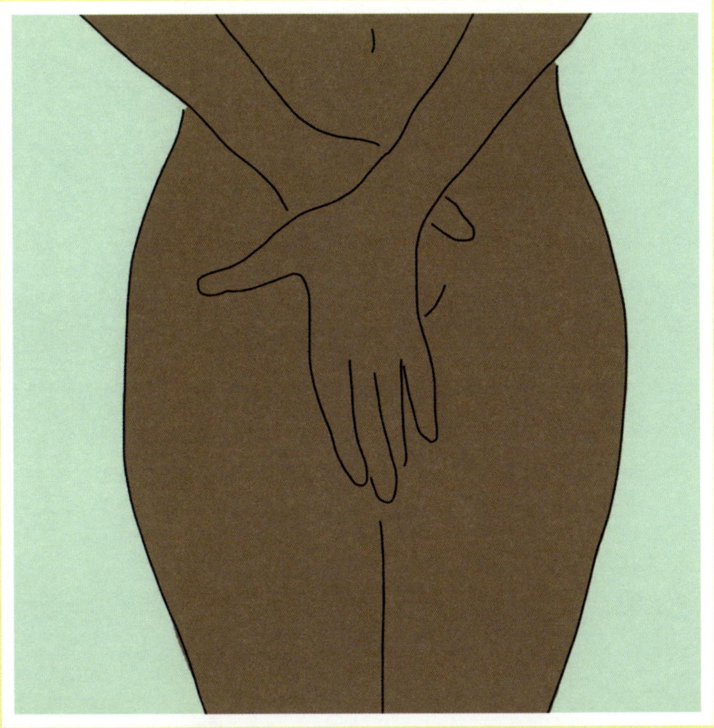

d'énormes quantités de contenus, y compris certains d'une violence indicible. C'est certainement efficace, mais cela laisse des traces chez ces personnes sous-payées.

#ARRÊTONSDECENSURERLECORPSDESFEMMES
#LIBERTÉDEXPRESSION
#TROPCESTTROP **#FREEALLBODIES**

La censure du corps féminin montre combien l'objectification des femmes est profondément ancrée dans notre société.

AIN'T GOT
TIME
FOR THAT
SHIT

NO COMMENT !

Bienvenue dans l'ère des commentaires. Les réseaux sociaux sont un terrain de jeu privilégié pour les gens qui ont toujours des choses à dire. Pourquoi perdre du temps à réfléchir quand on peut simplement écrire tout ce qui nous passe par la tête? Et puisque tout se fait derrière un écran qui garantit l'anonymat, ils se lâchent! Quand les commentaires sont bienveillants, c'est génial. Mais on voit aussi proliférer la haine, la jalousie et les jugements durs, stupides ou méchants. Et cela peut sérieusement blesser celles et ceux qui en sont les destinataires. Les mots peuvent nous détruire. Avant d'écrire un commentaire, on devrait se demander quelle est notre intention. Si c'est un commentaire gentil, il y a peu de risques de répercussions négatives. Sauf si c'est pour donner votre avis à votre ex sur sa nouvelle vie avec quelqu'un d'autre. Trop de gens écrivent sans réfléchir, et il est triste de constater que ce sont les émotions négatives qui prennent le dessus. Il vaut mieux éteindre son ordinateur et sortir faire un tour.

#CACHÉDERRIÈRESONÉCRAN

#TUDIRAISÇAÀTAMÈRE ?

#NONÀLACYBERVIOLENCE

#CRACHERSONVENIN

#LESMOTSONTLEURIMPORTANCE

Au jeu des commentaires, vous pourriez tomber sur quelqu'un de plus fort que vous. Soyez bienveillant·e, ça ne fait de mal à personne.

ÉGALITÉ, LE COMBAT CONTINUE

Tant qu'il y a un combat à mener, la bataille n'est pas gagnée. Et en ce qui concerne l'égalité des genres, nous sommes encore loin de la victoire. Les femmes continuent à gagner moins, à être davantage jugées et à subir des injustices. Une constante déprimante. La situation des femmes et des minorités de genre sur le marché du travail est encore plus fragile que celle des hommes. Par conséquent, nous devons combattre le sexisme au quotidien pour que les femmes soient respectées et non traitées comme des objets, qu'elles ne soient pas battues, violées ou exploitées. Il y a de l'espoir, mais nous avons besoin d'un changement radical pour vraiment voir la lumière au bout du tunnel. L'égalité salariale serait une belle victoire, mais elle ne modifierait pas la situation. Si nous voulons vraiment changer les choses, nous devons réinventer la structure de la société et imaginer de nouvelles bases fondées sur l'égalité. Pourquoi s'obstiner à maintenir un système défaillant? Telle est la question. Byeee!

#LECOMBATCONTINUE

#POURUNAVENIRJUSTEETINCLUSIF

#ÉGALITÉ #ALLONSY

Nous avons encore un long chemin à parcourir pour bâtir un avenir juste et inclusif, pour que chacun·e puisse avoir sa part du gâteau (et pas simplement un salaire équivalent).

DÉVOUEMENT OU CHARGE MENTALE ?

La plupart du temps, on attend des femmes qu'elles s'occupent de tout et qu'elles gèrent chaque situation ! C'est un lourd fardeau social qui persiste dans de nombreuses familles. Heureusement, l'ère des publicités montrant une ménagère avec un tablier et un grand sourire, en gros plan, pour vendre une lessive ou de l'électroménager, est révolue. Dieu merci. C'est un grand pas en avant pour l'humanité. Les femmes ont-elles vraiment encore envie de s'occuper de la maison et des enfants ? En tout cas, c'est toujours la norme imposée. Mais par qui ?

Aucun genre n'a de prédisposition pour l'altruisme et le don de soi : bonne nouvelle, c'est une compétence accessible à tous·tes. Mais les hommes cis, les pauvres, souffrent d'horribles fluctuations hormonales, surtout avec leur syndrome prémenstruel, qui les rendent fondamentalement instables et agressifs et, de fait, incapables de s'occuper des enfants... Oh, oups... Pardon, je me suis emmêlé les pinceaux ! Alors, du coup, pour le partage des tâches... Enfin, vous voyez où je veux en venir !

#NEVOUSOUBLIEZPAS #PRENEZSOINDEVOUS #PASNÉEPOURSERVIR #GENTILLESSE #PRENEZSOINDESAUTRES

L'altruisme n'a pas de genre.

MONEY, MONEY, MONEY

Mon compte en banque a la chance que je ne sois pas accro au shopping. Apparemment, c'est un trouble. Mais au lieu de blâmer les ados de 16 ans qui ont cette addiction, nous devrions repenser la façon de vendre les produits (qui pousse à la surconsommation). Le commerce doit être plus juste et équitable, mais pas uniquement sur le papier. Je m'adresse aux marques qui dominent le marché : arrêtez vos méthodes trompeuses : greenwashing, purplewashing et j'en passe. Soyez transparentes et respectez vos employé·e·s et les sociétés des pays en développement où les travailleur·euse·s sont exploité·e·s.

Nous devons, nous aussi, cesser de faire semblant, d'agir comme si cette situation n'existait pas. En tant que consommateur·rice·s, nous avons notre mot à dire. Si nous arrêtons d'acheter, ils arrêteront de vendre. Et avec notre petit pouvoir d'achat, nous pouvons choisir de consommer moins et mieux. L'idée n'est pas de tuer l'économie, mais de tirer la sonnette d'alarme. Nous n'avons pas besoin de fraises toute l'année. Pourquoi ne pas expérimenter un système dans lequel l'accomplissement personnel ne résiderait plus dans la réussite matérielle basée sur ce que l'on gagne et possède ?

#CONSOMMEZMOINSMAISMIEUX

#ÉCORESPONSABILITÉ

#STOPÀLASURCONSOMMATION

Il est grand temps de consommer moins et mieux, de penser à long terme pour un monde plus juste et moins axé sur le profit.

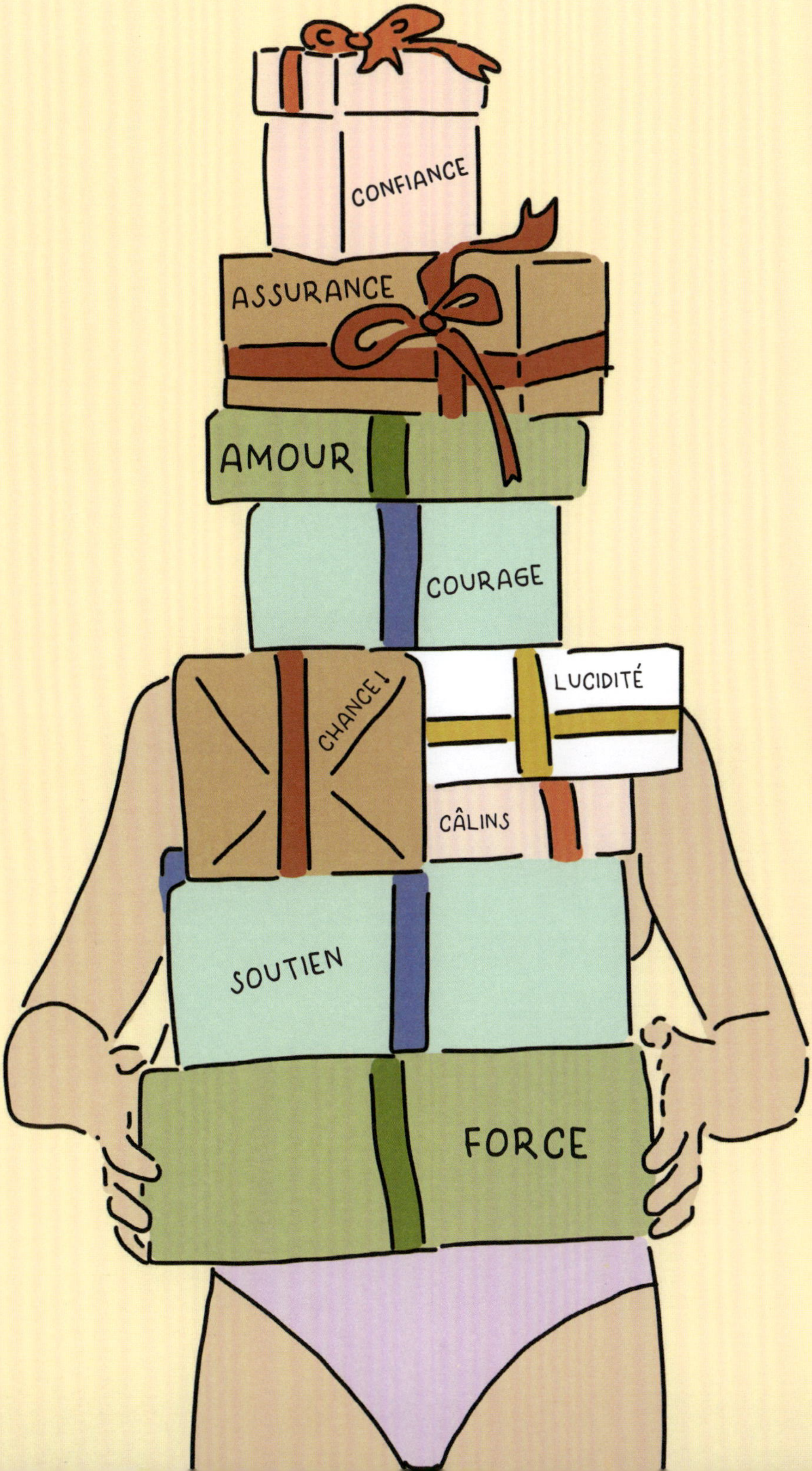
CONFIANCE
ASSURANCE
AMOUR
COURAGE
CHANCE !
LUCIDITÉ
CÂLINS
SOUTIEN
FORCE

LA SORORITÉ POUR COMBATTRE LES OPPRESSIONS

La sororité est un lien de solidarité qui, en réponse au patriarcat, nous a permis de faire de grands pas en avant pour nos droits. La priorité est d'être unies et unanimes dans la lutte contre les injustices et les violences sexistes. Une pour toutes et toutes pour une! Ça peut sembler gnangnan, mais l'union de nos voix est un atout puissant dans une culture qui nous pousse à nous juger, à nous critiquer et à nous sous-estimer les unes les autres. La misogynie intériorisée qui résonne encore dans nos têtes est le produit d'une société qui pratique le «diviser pour mieux régner». Or, si nous nous laissons prendre au piège de la compétition, le chemin vers l'égalité des genres va être long. Plus nous serons unies et nombreuses, plus notre voix sera forte. Droit de vote, avortement, égalité des salaires : nous avons fait des progrès, nous avons remporté quelques batailles, mais il nous en reste encore beaucoup à mener. Le temps est venu d'arrêter de s'opprimer mutuellement et de commencer à trouver des solutions ensemble. Soutenons-nous, mes soeurs !

#SORORITÉ #ADELPHITÉ
#PLUSFORTESENSEMBLE
#DELINDULGENCEPASDELACONCURRENCE
#STOPÀLAMISOGYNIEINTÉRIORISÉE

Ne laissez pas la misogynie intériorisée nous monter les unes contre les autres!

L'ART CONTRE LA STIGMATISATION

L'art est souvent une représentation de nos pensées ou de nos sentiments profonds, et il suscite des émotions et des réflexions importantes dans la société. C'est aussi une forme de thérapie incroyable, car il permet d'exprimer sa vision ou son histoire sans retenue et sans crainte. Que nous transmettions un message violent et choquant ou subtil, les spectateur·rice·s le percevront et l'interpréteront à leur manière. C'est la magie de l'art.

Nous savons que les femmes furent tenues à l'écart des professions artistiques jusqu'au XXe siècle. Mais sans *récit féminin*, nous nous retrouvons prisonnières du regard masculin, qui objectifie le corps féminin, perpétuant de fausses idées à notre sujet. Il ne devrait pas y avoir de clivage entre les genres dans l'art. Mais il existe des perspectives différentes et, parce qu'il y a encore beaucoup trop d'oppression et d'inégalités, il est nécessaire que les femmes disposent de leur propre espace d'expression pour contrebalancer le discours.

Malheureusement, je crois que l'art à lui seul ne suffira pas à changer le monde. Notamment car il est devenu un business et que, hélas, l'argent gâche souvent les choses. L'ambition de l'art ne devrait pas être la notoriété mais plutôt de proposer un voyage initiatique pur et personnel, une recherche de soi.

#FEMALEGAZE #FAITESDELAPLACE
#LAREPRÉSENTATIONCESTIMPORTANT
#QUESTIONNERLASOCIÉTÉ
#ARTTHÉRAPIE

L'art est un cheminement personnel à travers les émotions et les pensées les plus profondes. Il doit intégrer les récits féminins et non binaires, afin que nous puissions participer à la construction de nos représentations.

RIP, PATRIARCAT !

Le patriarcat est un système fondé sur le fait que le pouvoir est détenu par… roulement de tambour, s'il vous plaît… oooh! le suspense est insoutenable… oui vous avez deviné… les HOMMES! Et sur une exclusion assumée des femmes. Voici une excellente définition, que j'ai trouvée sur Internet : « Le masculin occupe à la fois ce qui est supérieur et universel, divisant tous les autres en groupes basés sur le sexe, le genre, l'orientation sexuelle, l'ethnie et la classe sociale. » Je le répète depuis le début : le patriarcat est un cauchemar, et il existe depuis bien trop longtemps. Une société fondée sur une telle inégalité de privilèges ne peut que conduire à l'oppression et à la discrimination et ne peut pas fonctionner correctement. Mais ce système n'est pas facile à détruire. Il existe depuis la nuit des temps et, aujourd'hui, le patriarcat continue de s'accrocher à son emprise comme une moule à son rocher! Il est partout, insidieux. Dans l'éducation, dans nos vies, dans les médias. Ce n'est qu'en en prenant conscience et en agissant que nous parviendrons à changer les choses, petit à petit, pour une société plus juste. En avant, toutes!

#TICTACPATRIARCAT

#UNESOCIÉTÉNOUVELLE #ÉGALITÉ

#ENCORETROPDEMACHOS

Enfilez vos bottes et piétinez le patriarcat, pas à pas. Vous voilà en route vers un monde meilleur.

Cheers Baby!

CHAPITRE BONUS

• • • • •

Le cycle menstruel ou l'histoire de la vie

• • • • •

Le cycle menstruel est un phénomène incroyable. En général, il débute entre l'âge de 11 et 13 ans. Il se répète alors tous les vingt-huit jours en moyenne, avec des règles qui durent entre trois et sept jours, tout ça, le plus souvent, pendant les trente à quarante années qui suivent. Ne vous inquiétez pas, je ne vais pas vous faire un cours de biologie, je veux simplement souligner à quel point nous pouvons être fières de nous. Parfois, c'est fatigant, et on lance un « Super... mes règles sont arrivées » avec ironie. Et chaque mois, c'est reparti pour un tour...

Hey, salut, beauté !

QUAND LES RÈGLES DÉBARQUENT

Mes règles ont mis une éternité à arriver. Quand ma meilleure amie de l'école primaire, à l'âge de 11 ans, a annoncé, un jour, à la récréation, qu'elle était une « femme », j'ai espéré que mon tour viendrait sous peu. Quelle naïveté ! J'observais mes sœurs et j'imaginais ce qui m'attendait. Elles ont eu leurs règles à 13 et 14 ans, j'ai donc pensé que je les aurais un peu plus tard que ma meilleure amie. Mais je n'aurais jamais pensé que ça prendrait autant de temps. Jamais ! Vous ne me croirez peut-être pas, mais j'ai eu mes règles alors que je ne les attendais plus : le jour de mes 18 ans ! Il était temps ! Jusque-là, j'évitais le sujet dans les vestiaires de peur qu'on me prenne pour une extraterrestre. Être différente : non, merci... J'ai ainsi attendu patiemment jusqu'à ce que le jour tant espéré se présente, et que j'entre moi aussi dans le club de la puissance sacrée du sang menstruel, mais aussi dans celui du tabou, de la honte et du syndrome prémenstruel (SPM), ce petit bonus qui manquait à ma vie !

#ILÉTAITTEMPS **#DEVENIRUNEFEMME** **#CECIESTMONSANG**

Avoir ses premières règles, un moment spécial et unique.

LE SANG, C'EST ROUGE, PAS BLEU !

C'est l'histoire de la vie et, pourtant, c'est toujours un sujet terriblement tabou. C'est un phénomène si naturel, presque banal, qu'on devrait pouvoir en parler en toute liberté. Mais nous vivons dans une société patriarcale (eh oui, encore elle), et le sang qui coule de l'utérus dérange, bien plus que celui des films gore. Les règles sont un tabou vieux comme le monde; elles sont considérées comme «dégoûtantes» et «honteuses», comme devant être cachées. C'est pourquoi, jusqu'à il y a peu, on utilisait systématiquement un liquide *bleu* pour représenter le sang des règles dans les publicités pour les protections menstruelles. Quelle drôle d'idée! Tout le monde sait que le sang est rouge, et même rouge *vif*. Ça donne à réfléchir. Les publicités vantent également les qualités rafraîchissantes de leurs produits, comme si avoir nos règles nous rendait sales.

Ce sujet a été jusqu'à peu écarté des discussions, et si rarement représenté dans la culture que la société n'a jamais cessé de se sentir offensée à la vue de la moindre goutte de sang menstruel. Arrêtons d'avoir honte de notre corps et de son fonctionnement!

#BRISERLESTABOUS

#RESPECTEZNOSRÈGLES

#ÇAVASAIGNER #SANGFILTRE

Le sang menstruel est-il vraiment plus effrayant que la violence et la guerre?

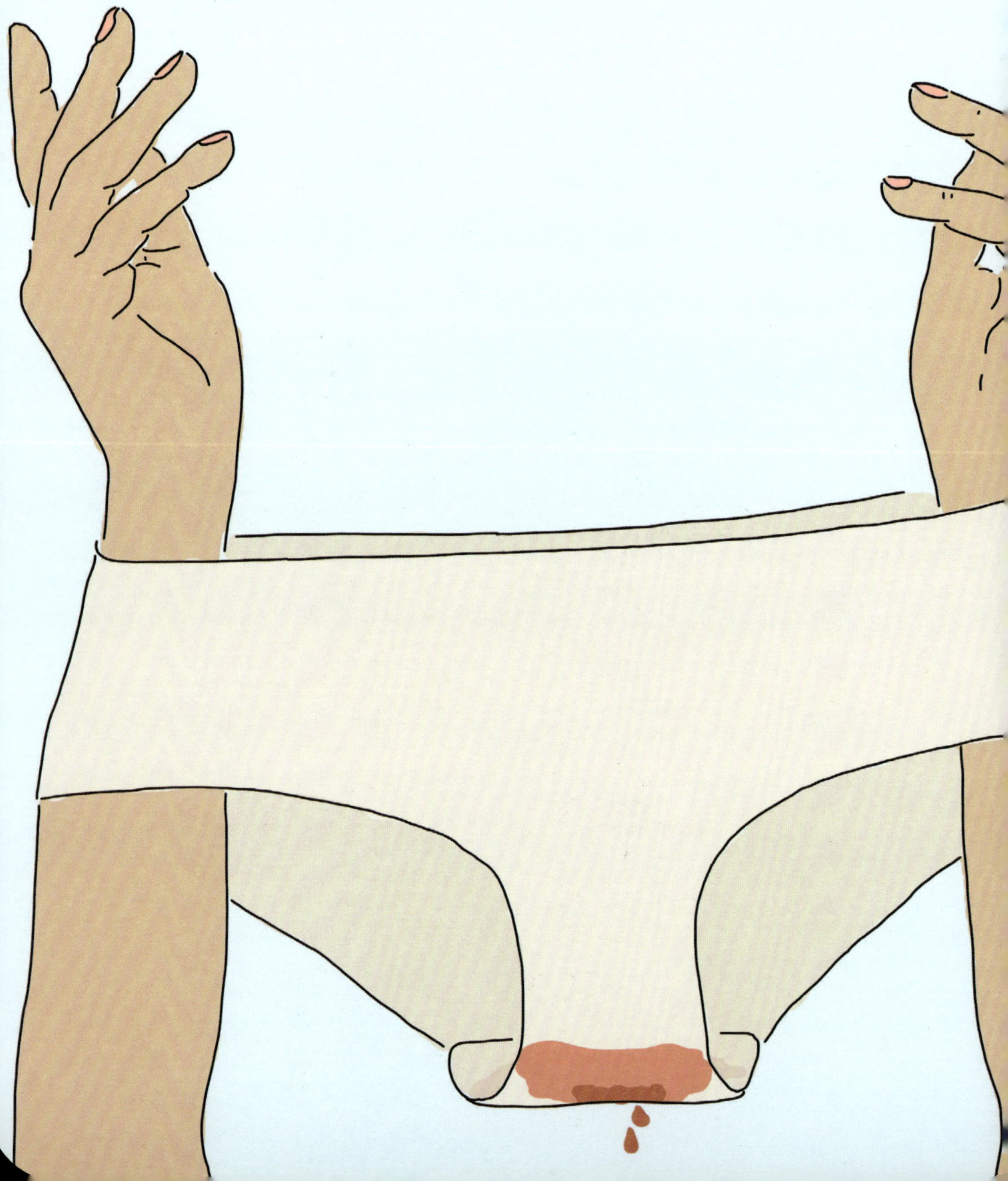

PAS QU'UNE AFFAIRE DE FEMMES

Il s'agit naturellement d'un sujet sensible. Avoir ses règles n'est pas agréable, génère beaucoup de souffrances – que ce soit du fait des non-dits, des crampes, du syndrome prémenstruel… – et crée de nombreuses inégalités sociales, physiques et financières. C'est un véritable fardeau. Il semble donc plutôt logique que nous l'abordions comme un phénomène qui concerne les femmes. Personnellement, je ne suis pas d'accord pour supprimer l'association entre le cycle menstruel et les «femmes».

Mais… oui, il y a un mais… l'inclusivité ne fait jamais de mal. Et avoir un cycle ne fait pas nécessairement de vous une «femme». C'est un phénomène naturel pour les femmes cis, mais n'oublions pas que les hommes transgenres ainsi que les personnes non binaires et intersexes peuvent aussi avoir leurs règles. Nous ne nous identifions pas tous·tes au genre qui nous a été assigné à la naissance. Essayons de vivre en harmonie avec toutes les personnes qui nous entourent. Arrêtons de croire à un monde binaire, avec les hommes d'un côté et les femmes de l'autre. Même si nous n'arrivons pas à comprendre les motivations et le parcours de chaque personne, nous nous devons de les respecter. C'est aussi simple que cela.

#LGBTQIA+ #QUEER #NONBINAIRE
#HOMMESTRANS #INCLUSIVITÉ
#MENSTRUATIONSETGENRE

Incluons toutes les personnes possédant un utérus dans les discussions sur les menstruations.

ÇA VA SAIGNER... SUR TES VÊTEMENTS

Salut, le spotting ! Qui n'a jamais retrouvé des taches de sang sur ses draps ou ses sous-vêtements ? Personne, je crois ! Mais on n'en parle pas. C'est honteux. Une fois, il m'est arrivé d'avoir tellement de sang sur ma robe, une expérience ô combien honteuse et dégoûtante, que j'ai préféré la jeter plutôt que d'essayer de la nettoyer. C'est un peu fou, vous ne trouvez pas ? On nous a bien fait comprendre que, lorsque nous avons nos règles, nous devons nous « protéger ». Le message est fort. Nous « protéger » ? Mais de quoi ? Eh bien, de cette honte totale. Ouaip. Parce que, lorsqu'on a nos règles, le plus important est que les autres ne le sachent pas. Ce serait… je vous le donne en mille… *déshonorant* !

Mais qui a décidé que les règles étaient sales ? Et pourquoi faudrait-il en avoir honte ? Notre vagin et notre vulve sont des machines incroyables qui se nettoient toutes seules, et nous devrions en être fières ! Pas besoin de rejoindre une communauté hippie, il suffit de prendre conscience qu'il n'y a aucune raison d'avoir honte d'un phénomène tout à fait normal.

#LAISSECOULER

#SANGGÊNE #CESTLANATURE

#OHNONPASENCOREVOUS

La moitié de la population mondiale a ses règles un jour. C'est tout à fait normal ! Soyez fière de vos menstruations.

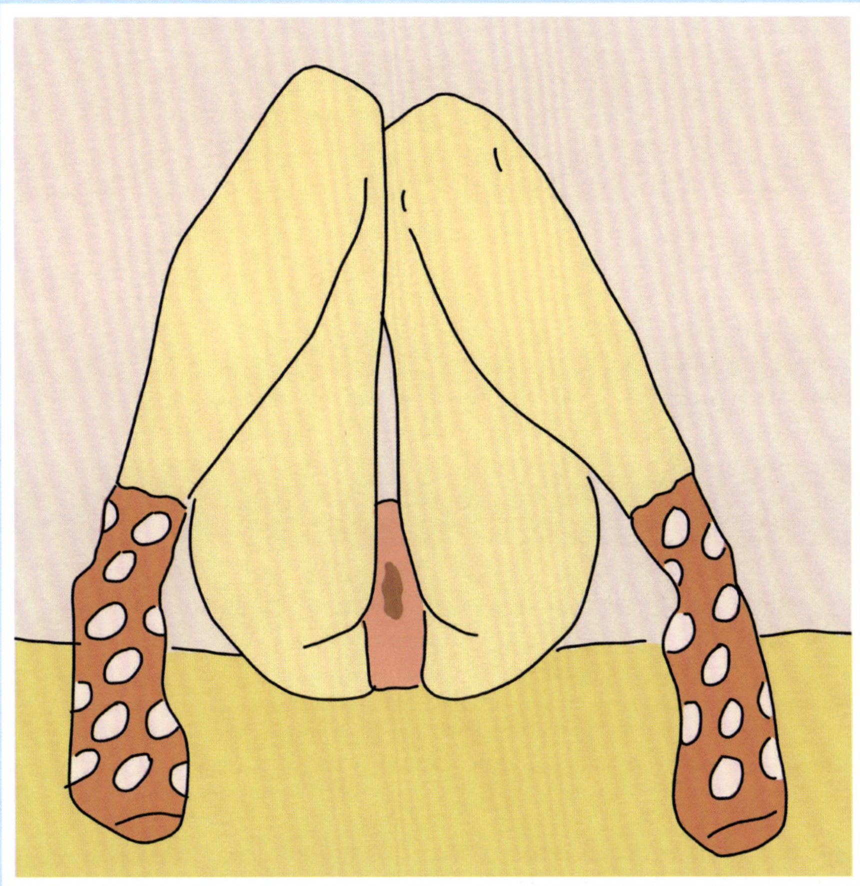

HORMONES

SPM : LES MONTAGNES RUSSES HORMONALES

De nombreuses femmes – neuf sur dix – ressentent une vague d'anxiété et d'idées noires quelques jours avant leurs règles. C'est une sensation étrange qui peut nous perturber et qui s'appelle le syndrome prémenstruel, ou SPM. Mais personne ne nous apprend à le gérer ! Chaque fois, je deviens irritable, presque agressive. Et pour moi qui suis naturellement très timide et douce... c'est vraiment bizarre ! La moindre remarque peut m'énerver et me faire remettre toute ma vie en question ! Mon partenaire, le pauvre, se retrouve toujours au milieu de tout ça. Et puis, quelques jours plus tard, il comprend : « Oh, tu ne voulais pas vraiment me quitter, c'était juste ton SPM ! Je peux défaire mes valises, du coup ? »

Le SPM est un phénomène étrange. Pendant quelques jours, je fais des cauchemars complètement fous et terrifiants qui semblent tout droit sortis d'un film de Tarantino. C'est une période d'hypersensibilité qui décuple nos peurs et nos angoisses mais après laquelle nous redoublons de créativité, car la douleur et l'anxiété nourrissent l'inspiration. Plutôt cool, non ? Essayons de voir le bon côté des choses !

#SPMMOOD **#HORMONESENGUERRE** **#MONTAGNESRUSSES** **#YOYOÉMOTIONNEL**

Mieux vaut attacher vos ceintures quand vos émotions embarquent pour le grand huit du SPM !

DES PROTECTIONS ACCESSIBLES À TOUTES

Certaines femmes portent une coupe menstruelle, mais cela ne convient pas à tout le monde. J'ai commencé par utiliser des serviettes et des tampons, puis j'ai réalisé à quel point ils étaient nocifs pour la planète et pour ma santé. J'étais vraiment inquiète. Je me suis donc orientée vers d'autres solutions. J'adore les culottes menstruelles. C'est l'option la plus confortable et la plus respectueuse de l'environnement. Dans tous les cas, quel que soit notre choix, ça n'est pas donné ! En plus d'être un énorme tabou, les règles sont aussi une source d'inégalités sur les plans social et économique. Car avoir ses règles, ça coûte cher ! Eh oui, il faut le prévoir dans son budget. Pourtant, on ne devrait pas avoir à choisir entre manger et saigner en paix. C'est de là qu'est née la lutte pour la suppression de la fameuse « taxe tampon » : les produits d'hygiène menstruelle étaient considérés comme des articles non essentiels et donc soumis au taux de TVA le plus élevé. Maintenant que ce n'est plus le cas, peut-on espérer qu'ils soient remboursés par la sécurité sociale ou gratuits ?

#DESPROTECTIONSPÉRIODIQUESGRATUITES

#STOPPRÉCARITÉMENSTRUELLE

#PREMIÈRENÉCESSITÉ

#CHANGEONSLESRÈGLES

L'égalité face à la santé menstruelle est un droit, pas un luxe. Battons-nous pour lui !

WE WILL
BE HEARD!

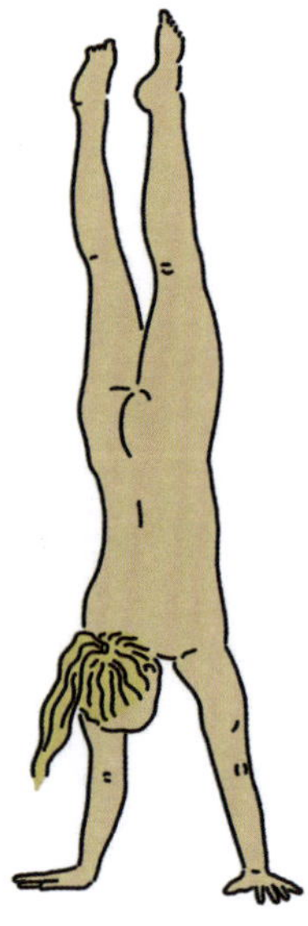

Laetitia Duveau

Laetitia Duveau appartient à cette nouvelle génération de femmes engagées qui s'adaptent à un monde en constante évolution, s'intéressent à de nombreux sujets et diversifient leurs connaissances. Autrice, compositrice et musicienne, elle est devenue curatrice d'art en 2016 à Berlin, où elle a vécu quatre fructueuses et intenses années. Là-bas, elle a lancé Curated by GIRLS, une plateforme qui promeut la diversité des femmes à travers l'art, en offrant une visibilité à des artistes sans aucune censure ni contrepartie. Aujourd'hui, cette plateforme est connue dans le monde entier. Laetitia Duveau s'est récemment installée dans la ville mystique de Sintra, au Portugal, où elle travaille insatiablement sur de nombreux projets, sous le nom de Little Voice, en tant que chanteuse dans le duo indie-pop Free Free Dom Dom.

Bridget Moore

Bridget Moore est une artiste de Los Angeles, plus connue sous le pseudonyme Handsome Girl. Son travail, qui consiste en grande partie à réaliser des illustrations numériques, est tourné vers des thèmes liés au féminisme intersectionnel, au mouvement body positive et à l'empouvoirement des femmes. Elle s'intéresse tout particulièrement à l'inclusivité et souhaite s'assurer que toutes les femmes, qu'importe leur origine ou leur vécu, soient représentées, vues et entendues. Le dessin a d'abord été, pour Bridget Moore, une thérapie pour vaincre des troubles du comportement alimentaire, contre lesquels elle s'est battue pendant des années. C'est ainsi qu'elle en est venue à célébrer la beauté de son propre corps, puis celui d'autres femmes et à illustrer des silhouettes, des morphologies et des réalités différentes qui représentent la diversité de la beauté.